【新訂版】

図解

国会の楽しい見方

時事通信社政治部 監修

はじめに

いま、日本の政治はさまざまな問題に直面しています。

生活を直撃した物価高、加速度的に進む少子・高齢化、終息が見通せない新型コロナウイルス禍、安倍晋三元首相の銃撃死をきっかけに明らかになった世界平和統一家庭連合（旧統一教会）をめぐる問題、不祥事による四人の閣僚の辞任…。これらの結果、高水準でスタートした岸田文雄内閣の支持率は急落し、二〇二二年一〇月の時事通信社の世論調査で、支持が三割を切る厳しい状況となりました。

一方、海外の政治情勢も目まぐるしく動いています。同年二月のロシアのウクライナ侵略、経済、軍事両面で増す中国の脅威、頻発する北朝鮮のミサイル発射。こうした事態を受け、岸田政権は、反撃能力の保有に踏み切るなど、戦後の安全保障政策を転換し、防衛費の大幅増を決めました。二三年五月に広島で開催された先進七か国（G7）首脳会議では、議長国として岸田首相のリーダーシップが問われました。

国の内外を問わず、政治の流れを注視することは、私たちが日常生活を送るうえで何よりも重要なことになってくるのではないでしょうか。

さて、このような政治に関するさまざまな課題に対処するために国会議員が活動している場所が、「国会」です。テレビの地上波ではNHKで「国会中継」が放送されていますので、私たちも国会で行なわれている審議の一部を簡単に見ることができます。

しかし、この放送を見ていて疑問に感じたことはありませんか？

「『国会中継』という番組名なのに、なぜ予算委員会が頻繁に放送されているのだろう？　本会議は重要ではないのだろうか？」

「返答に困った大臣にレクチャーをしている〈あの人物〉は、いったい誰だろう？」

「首相や大臣の国会での発言には〈台本〉のようなものがあるのだろうか？」

本書ではこのような素朴な疑問に答えるとともに、内閣の仕組みや各省庁のはたらき、官僚の役割、国会議事堂の成り立ちなど、日本の政治の表から裏まで、政治に疎《うと》い方にも楽しんでいただけるよう、できるだけわかりやすく解説しています。

日本の政治の基礎が理解できれば、テレビで放送されている「国会中継」を通じて、国民の代表である国会議員が何をどのように取り上げ、解決に向けた議論を行なおうとしているのかがわかることと思います。

政治は、日々動いています。

本書を通して、「国会」や「政治」が皆さんにとってより一層身近なものとなり、関心を高める一助になれば幸いです。

時事通信社政治部

2章 国会・委員会中継はここが面白い！ 47

3章 国会議事堂を大解剖する！ 75

4章 国会議員という仕事 99

5章 官僚・官庁のキモチを覗いてみた！　139

6章 まるわかり！ 内閣の仕事 207

7章 これで選挙がよくわかる！ 251

※本文中の数字・データは、おもに初版発行時の二〇一八（平成三〇）年五月末のものですが、増刷にともない、情報を更新している部分もあります。

1章

国会って、どんなところ？

1

国会って、いつ開かれるの？

国会のしくみ

国会はどのようなスケジュールで運営されているのでしょうか。

また、国会議員の一週間の日程とは？

国会議員は、意外と忙しいようです。

国会の一年を見てみよう

日本国憲法の第四一条には、こうあります。

「国会は、国権の最高機関であって、国の唯一の立法機関である。」

そう。憲法がうたう「三権分立」（国会〈立法権〉・内閣〈行政権〉・裁判所〈司法権〉）のなかでもっとも「偉い」のは、国会なのです。

これは、国会はわたしたち国民が選挙によって選んだ「代表者」によって構成されているからです。

その代表者こそ「国会議員」であり、国会で民意を反映させるべく働いてくれる人のことです。

では、国会の一年間は、どのように運営されているのでしょうか。

三権の抑制と均衡

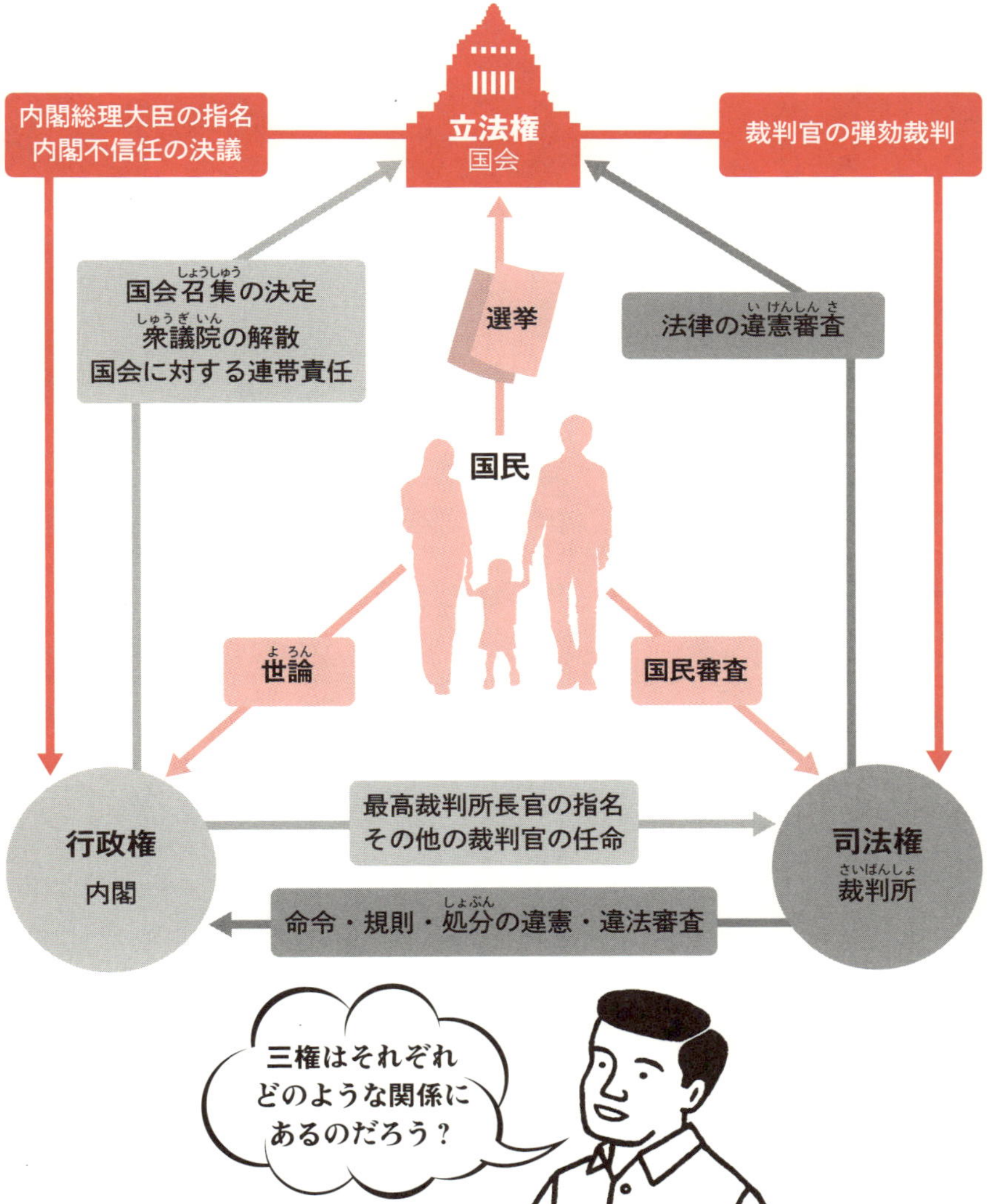
立法権
国会
内閣総理大臣の指名
内閣不信任の決議
裁判官の弾劾裁判
国会召集《しょうしゅう》の決定
衆議院《しゅうぎいん》の解散
国会に対する連帯責任
選挙
法律の違憲審査《いけんしんさ》
国民
世論《よろん》
国民審査
行政権
内閣
最高裁判所長官の指名
その他の裁判官の任命
司法権
裁判所《さいばんしょ》
命令・規則・処分《しょぶん》の違憲・違法審査
三権はそれぞれ
どのような関係に
あるのだろう？

現在、国会は一月にはじまり、三月末までに新年度（四月～翌年三月）の予算を成立させ、六月まで一五〇日間開かれます。これを「通常国会」と呼びます。

会期の延長がなければ、その後、国会議員は地元の選挙区に張りついて、支援者への挨拶回りをするなどして自分の活動をアピールします。

秋には再度、国会が開かれることが多く、一〇月から一二月までのあいだでおよそ二か月間開かれ、通常国会で処理できなかった法案や追加の予算案などが審議されます。これを「臨時国会」といいます。こうして見てみると、一年のうちの大半で国会が開かれていることになりますね。

なお、国会はどの種類かを問わず、通し番号で呼ばれています。二〇二三（令和五）年一月二三日からはじまった通常国会は、第二一一回目の国会ということになります。

国会議員の一日を追ってみよう

では今度は、国会が開かれているあいだの国会議員の生活をざっと見てみましょう。

衆議院と参議院、それぞれに本会議と委員会がありますが、本会議は通常、衆議院は火・木・金の午後一時から、参議院は月・水・金の午前一〇時から開かれます。

委員会には常任委員会と特別委員会があり、開会時間は各委員会によって異なりま

1 国会って、いつ開かれるの？

すが、たとえば予算委員会は朝九時から午後五時まで開かれているのが一般的です。

国会の本会議や各委員会のほか、国会議員は議員総会、政策勉強会、懇親《こんしん》会、そして地元や支援団体からの陳情《ちんじょう》など、超過密なスケジュールをこなしています。

テレビの国会中継では、ウトウトしている姿や、あまり審議に集中できていないような国会議員の姿が見られることがありますが、本会議や委員会だけをこなしているわけではないということは頭に入れておいた方がいいかもしれませんね。

さて、国会での仕事は平日で終わりです。

では、週末、国会議員は何をしているのか？

週末も、彼らに休む暇はありません。先述の通り、金曜の夜から、地元へ帰るのです。議員は地方から選出された人がほとんどですから、週末は地元へ戻り、支援者と懇親を図ります。有力者の親類の結婚式をはしごするなどということも珍しいことではありません。

そして、月曜の朝ないし火曜の午前中には東京へ戻り、国会へ向かい、また新たな一週間がはじまります。この国会議員（おもに衆議院議員）の生活は、地元へ金曜に帰り、月曜ないし火曜に東京へ戻るところから、「金帰《きんき》火来《からい》」と呼ばれています。

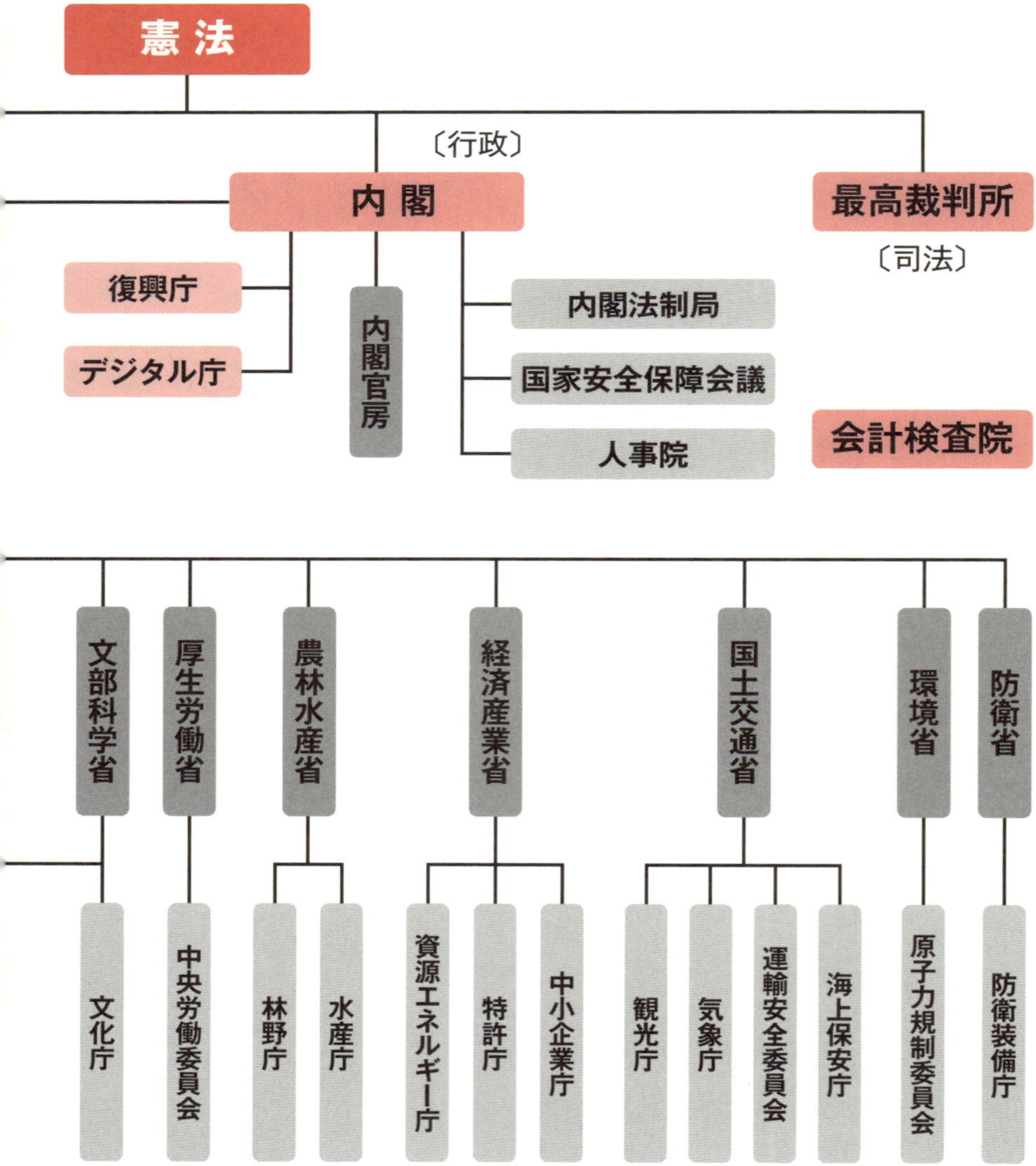
憲法
〔行政〕
内閣
最高裁判所
〔司法〕
復興庁
デジタル庁
内閣官房
内閣法制局
国家安全保障会議
人事院
会計検査院
文部科学省
厚生労働省
農林水産省
経済産業省
国土交通省
環境省
防衛省
文化庁
中央労働委員会
林野庁
水産庁
資源エネルギー庁
特許庁
中小企業庁
観光庁
気象庁
運輸安全委員会
海上保安庁
原子力規制委員会
防衛装備庁

日本の行政機構（一部、簡略化）

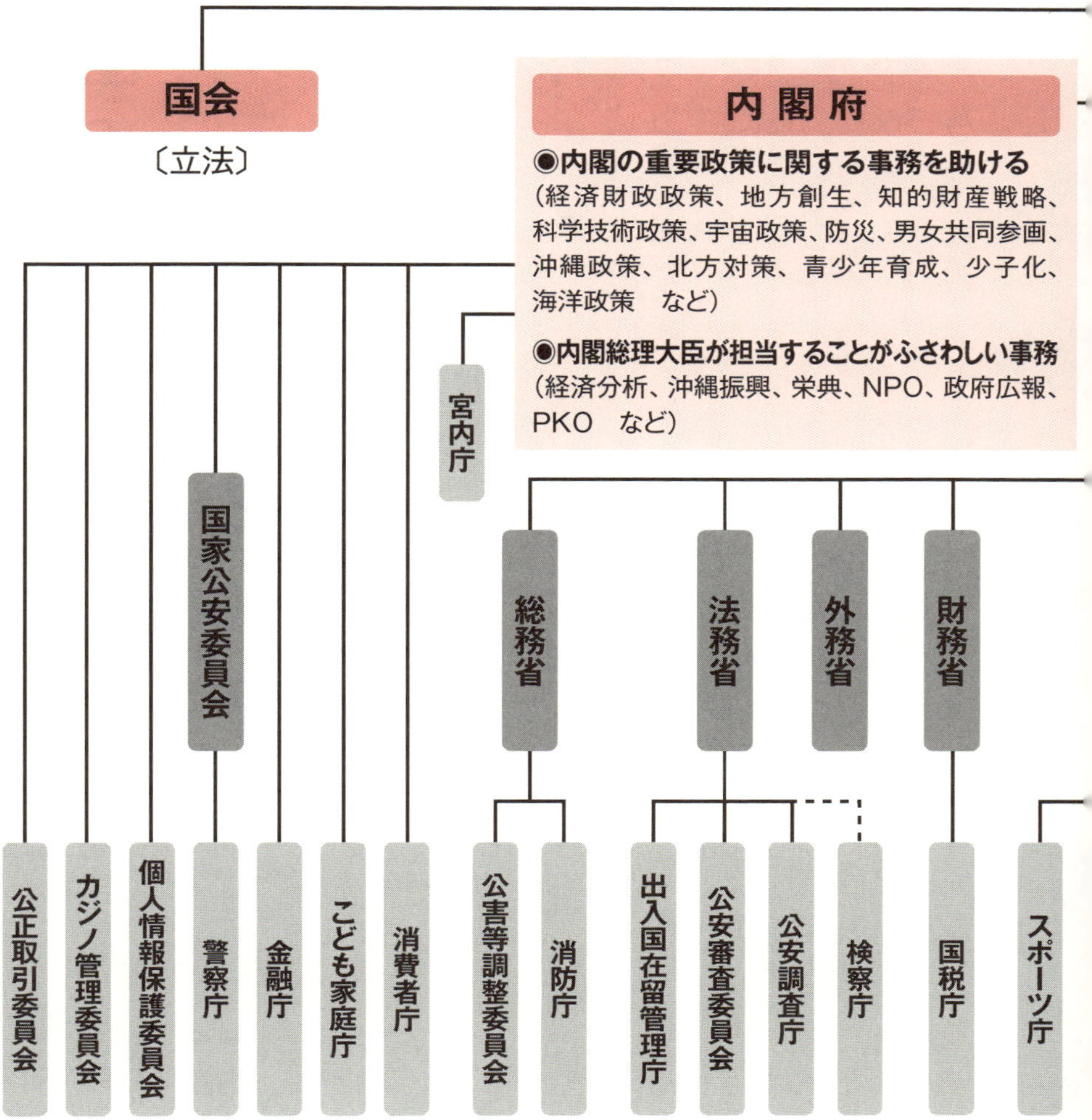
国会
〔立法〕
内閣府
◉内閣の重要政策に関する事務を助ける
（経済財政政策、地方創生、知的財産戦略、科学技術政策、宇宙政策、防災、男女共同参画、沖縄政策、北方対策、青少年育成、少子化、海洋政策　など）
◉内閣総理大臣が担当することがふさわしい事務
（経済分析、沖縄振興、栄典、NPO、政府広報、PKO　など）
宮内庁
国家公安委員会
総務省
法務省
外務省
財務省
公正取引委員会
カジノ管理委員会
個人情報保護委員会
警察庁
金融庁
こども家庭庁
消費者庁
公害等調整委員会
消防庁
出入国在留管理庁
公安審査委員会
公安調査庁
検察庁
国税庁
スポーツ庁

2

通常国会・特別国会・臨時国会の違いとは？

国会の種類

国会の種類は「通常国会」「特別国会」「臨時国会」の三つ。一度も開かれたことはありませんが、「参議院の緊急集会」もあります。

国会の種類は三つある

毎年、年が明けると、ＮＨＫでは昼間に「国会中継」が放送されています。皆さんもどこかでご覧になったことが一度はあるでしょう。

一口に「国会」といっても、大きく三つの種類にわかれています。

「通常国会」「特別国会」「臨時国会」の三つです。

通常国会は「常会《じょうかい》」ともいい、毎年一回、一月中に召集すると法律で定められています。期間（会期）は一五〇日間で、新年度（その年の四月からはじまる年度）の予算案や法案を審議し、決めるのが最大の目的です。

おおよそ六月中・下旬が会期末で、一度だけ延長ができます。

会期や会期の延長は、両議院一致の議決で定めることになっていますが、両議院の

2 通常国会・特別国会・臨時国会の違いとは？

国会の種類

通常国会

「常会」とも呼ばれ、毎年1回、1月中に召集される国会。期間は150日間で、新年度（その年の4月からはじまる年度）の予算案、法案を審議する。延長は1回まで。

特別国会

衆議院の解散総選挙が終わったあとに開かれる国会。新しい内閣総理大臣を指名するのが目的で、延長は2回まで認められている。

臨時国会

緊急に審議が必要になった法案があったときや、すでに成立した予算を修正するときに開かれる国会。衆参のいずれかの議院の総議員の4分の1以上の要求があったときも開くことができる。延長は2回まで。

いままで一度も開かれたことはないんだって！

参議院の緊急集会

衆議院が解散している最中に緊急事態が起こったときに開かれる国会。その後の衆議院の総選挙で選出された議員らによって承認されれば、成立となる。

議決が一致しないときや、参議院が議決をしないときは、衆議院の議決が国会の議決になります。

なお、過去を振り返って、通常国会でもっとも会期が長かったのは第一八九回で、二四五日におよびます（二〇一五〈平成二七〉年一月二六日～九月二七日）。

特別国会（特別会）は、衆議院の解散総選挙が終わったあとに開かれる国会です。まさに「特別」な国会です。

解散の日から四〇日以内に衆議院の総選挙があり、それから三〇日以内に開かれます。新しい内閣総理大臣（首相）を指名するのが一般的な目的で、延長は二回まで認められます。

二〇一七（平成二九）年は、一一月一日から一二月九日まで三九日間開かれましたが、この三九日間という会期は最近の特別国会においては異例の長期間にわたります。同年八月の内閣改造以降、「森友・加計問題」のために、閉会中審査を除いて国会審議は行なわれておらず、自民党内からも批判が出はじめたことから、長期の特別国会が開かれることになりました。

臨時国会（臨時会）は、緊急に審議が必要になった法案や条約があったときや、すでに成立した予算を修正するときに開かれます。このとき修正された予算を「補正《ほせい》予算」と呼びます。

内閣の必要にもとづく場合や、衆議院・参議院のいずれかの議院の総議員の四分の一以上の要求があった場合、また、衆議院議員の任期満了による総選挙および参議院議員の通常選挙後に開かれる国会も、この国会です。

緊急時に開かれる「参議院の緊急集会」

なお、国会の種類にはこの三つのほかに、実はもう一つあります。それが「参議院の緊急集会」で、衆議院が解散している最中に緊急事態が起こった場合、参議院議員だけが集まって開かれることになっています。

この集会で決められたことは、その後に行なわれる衆議院の総選挙で選ばれた議員たちによって承認されれば成立します。ただし、この集会は、現行の参議院規則のもとでは、いままで一度も開かれたことはありません。

3

なぜ国会には衆議院と参議院があるの？

衆議院と参議院

なぜ国会には「衆議院」と「参議院」があり、衆議院の優越が認められているのか。両院の成り立ちを見ると、その答えがわかります。

どこが違う？　衆議院と参議院

国会には「衆議院」と「参議院」があります。これを「二院制《にいんせい》（両院制《りょういんせい》）」と呼びます。

衆議院、参議院とも、わたしたちの選挙により選ばれた議員で構成されていますが、なぜ衆議院だけではなく、参議院も設けられているのかといえば、国民のさまざまな意見をより広く国会に反映させるという考えのほか、慎重な審議をすることによって衆議院の行き過ぎをおさえるためでもあります。

これらの考え方により、衆議院と参議院にはさまざまな違いを見て取ることができます。

まず議員数ですが、衆議院は四六五人、参議院は二四八人で、任期は衆議院が四年、

3 なぜ国会には衆議院と参議院があるの？

衆議院と参議院の比較

	衆議院	参議院
議員数	465人	248人
任期	4年（解散がある）	6年（3年ごとに半数を改選）
選挙権	18歳以上	18歳以上
被選挙権	25歳以上	30歳以上
選挙区	小選挙区　289人 比例代表　176人	選挙区　148人 比例代表　100人

※2023年4月現在。

参議院が六年です。ただし、衆議院には解散があり、任期途中で総選挙となるケースがほとんど。参議院は三年ごとに半数を選挙で選び直しています。

ここから、なぜ衆議院の方が、参議院よりも議員数が多いのかというナゾが解《と》けます。

つまり、衆議院の方が参議院よりも国民の直近の声を反映させていると理解することができるのです。

参議院は三年ごとに半数を入れ替えるとはいえ、腰を落ち着けて、長い目で行政をチェックすることが設置の目的の一つです。衆議院に解散があり、参議院に解散がないのも、右記の理由によります。

参議院の被選挙権は三〇歳から

被選挙権も両院で異なります。選挙権とは文字通り、選挙（投票）をすることができる資格のことで、被選挙権とは国会議員や都道府県知事、議会議員などに就《つ》くことができる資格を指します。

衆議院の被選挙権が二五歳以上であるのに対し、参議院の被選挙権は三〇歳以上です。これもやはり、両院の議員の質に差をつけることで、国民の声を幅広く取り入れようとする意図があるのでしょう。当然、衆議院議員よりも参議院議員の方が、平均年齢が高くなるわけで、それだけ人生経験の豊富な経歴の持ち主が議員になることが少なくありません。ずっと以前より、芸能人や学者、スポーツ選手、プロレスラーなどが参議院議員となるケースが見られますが、これも「人生経験」という側面から考えれば、少しは納得できることかもしれません。

さらに、両院のあいだには選挙区にも違いがあります。

衆議院は一九九四（平成六）年より、「小選挙区比例代表並立制」を導入し、一九九六（平成八）年の総選挙から実施しています。小選挙区から三〇〇人、比例代表から一八〇人が選ばれます。二〇一七年六月の法改正により、小選挙区の定数が二八九人となりました。

衆議院議員選挙の議員定数

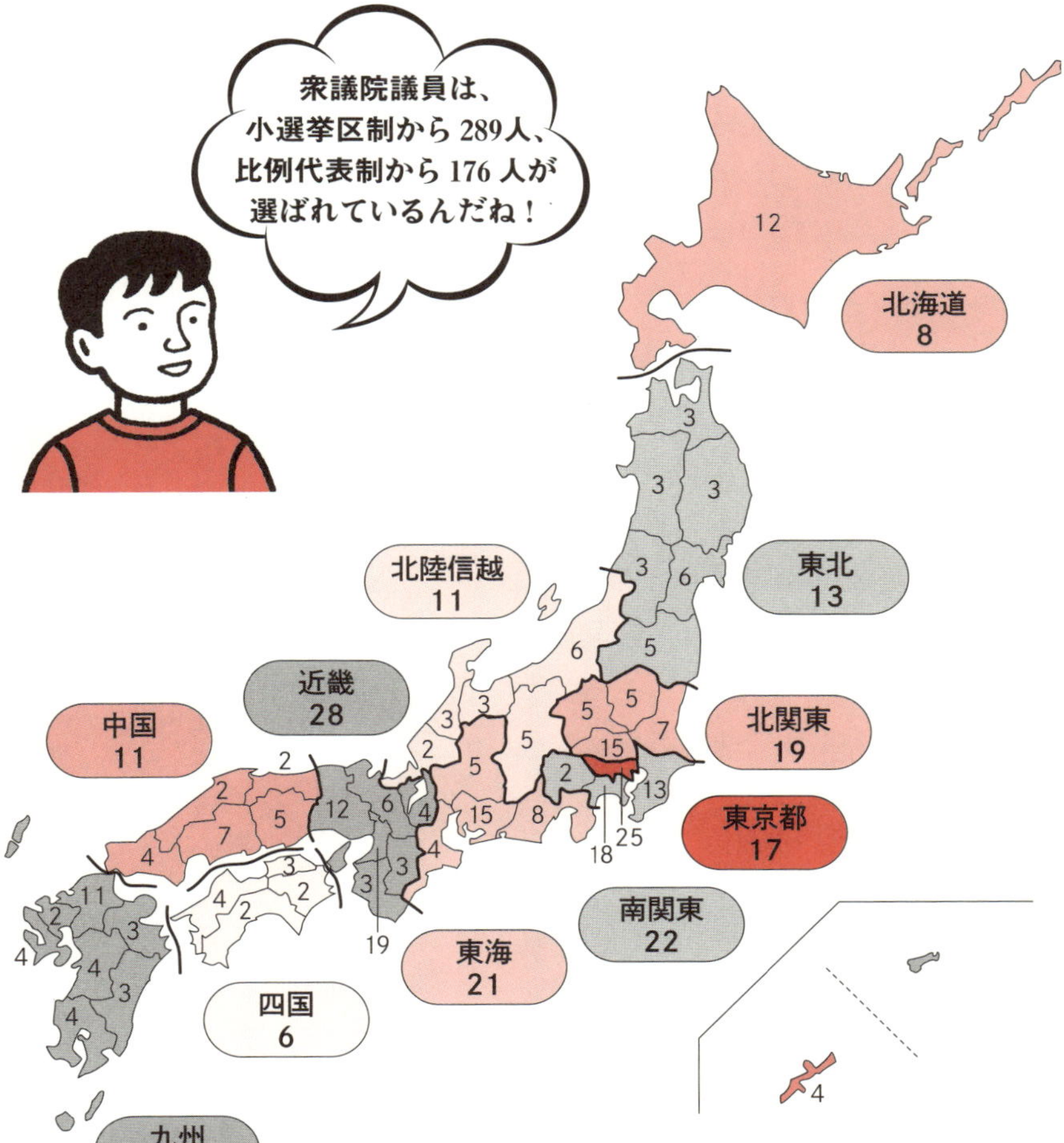
衆議院議員は、
小選挙区制から 289 人、
比例代表制から 176 人が
選ばれているんだね！
北海道
8
東北
13
北陸信越
11
北関東
19
東京都
17
南関東
22
東海
21
近畿
28
中国
11
四国
6
九州
20

※ 投票は小選挙区と比例代表の２票制で行なわれる。

※ 地図内の数字は小選挙区の都道府県別選挙区数。

※ 太線は比例代表のブロック分けと議席数。

※ 2023 年２月以降の衆院選から、東京で５、神奈川で２、埼玉・千葉・愛知で各１、小選挙区数が増え、宮城・福島・新潟・滋賀・和歌山・岡山・広島・山口・愛媛・長崎で各１減る。比例の定数も、東京で２、南関東で１増え、東北・北陸信越・中国で各１減る。

一方の参議院は、都道府県単位の選挙区から一四八人、比例代表制から一〇〇人が選ばれます。

「参議院不要論」がいわれて久しいですが、衆議院と参議院によい意味で差ができ、多様な意見が反映されるようになれば、参議院の存在価値も高まるというものでしょう。

「衆議院の優越」って、どういうこと？

最後に、「衆議院の優越」ということについてお話ししましょう。

衆議院と参議院は国会における車の両輪ではありますが、ちょっとだけ衆議院の方が「偉く」なっています。たとえば、衆議院で賛成多数で可決された法案が、参議院で反対多数で否決された場合、衆議院において、出席議員の三分の二以上の賛成で再可決すれば、成立します。

参議院が採決しない場合であっても、衆議院の可決から六〇日経ってしまうと、否決したものとみなし、自動的に再可決が可能となります。

さらに、予算案や条約の批准《ひじゅん》承認案は衆議院から審議をはじめることになっており、たとえ参議院で否決されたとしても、衆議院における判断が採用されます。

このことも、参議院よりも衆議院の方が、より国民の民意を反映していると考えられていることによるものです。

4

「国会対策委員会」は国会の司令塔!?

国会対策委員会

国会をスムーズに進めるための機関が国会対策委員会と衆参両院の議院運営委員会です。これらに所属する国会議員は、どんな仕事をしているのでしょう？

国会をスムーズに進めるための「国対」

一般的な「国会」のイメージとして、わたしたちはテレビでよく見かける本会議の場面を思い浮かべることが多いかもしれません。

ですが、本会議では与野党によってあらかじめ決められたシナリオ通りにことが運ぶのが通例です。

では、国会が滞《とどこお》りなく進むように、事前に差《さ》配《はい》しているのは誰なのでしょうか？

それが、「国会対策委員会（国対《こくたい》）」と「議院運営委員会（議運《ぎうん》）」の面々です。

前者の国会対策委員会は、各政党のなかの機関であって、国会の正式な機関ではありません。国対は、国会の日程調整や法案審議の進め方など、国会を進行していく流れをあらかじめ決める役割を果たします。

国会対策委員会と議院運営委員会

国会対策委員会

・各党の私的な機関。
・国会対策委員長は各党の三役かそれに準ずるポスト。
・国会開会中は火曜〜金曜の毎朝開かれる。

→

議院運営委員会

・国会法において定められた正式な機関。常任委員会の１つ。
・「全会一致」が望ましいとされる議事進行の慣例。
・通常は本会議開会前の週に２〜３日開かれる。

五か月にもおよぶ会期があるとはいえ、国会では膨大な案件をさばかなければいけませんので、いくら時間があっても足りません。各党の利害がぶつかり合い、審議がストップすることもあります。そこで、各党は、国会の流れをよく知っているベテランの議員を国会対策委員長に置き、他党との折衝《せっしょう》にあたってもらっています。

この折衝は非公開で行なわれていますので、表では激しい論戦を戦わせているライバルどうしの委員長であっても、裏では本音の話をしているケースが少なくありません。

国会の開会中は火曜から金曜まで、朝早く会議を開き、その日に行なわれる本会議や委員会審議などを把握《はあく》し、

「国会対策委員会」は国会の司令塔!?

各党の議員と接触するなどして情報を手に入れます。これら、水面下で動く議員がいて、はじめてスムーズな国会運営ができるのです。

「表の顔」議院運営委員会

一方、議院運営委員会は、国会の一七ある常任委員会のうちの一つで、本会議の日程や発言の順序、発言時間のほか、提出・送付された法案をどの委員会に付託《ふたく》するかを決めるなど、国会の正式なスケジュールを確定させる役割をもっています。先述の国対が裏の顔だとすれば、議運は表の顔といえるでしょう。そのため、国対と議運に関わる議員は同じということが多いようです。

国会での審議が滞ってしまうようなときに窓口になるのが、この議運の議員です。実際は、委員長と与野党の理事による理事会で、さまざまなことを協議し、決めます。

国対と議運とは表裏一体の関係ですので、表の顔である議運で決定したときには、すでに裏の顔である国対ではまとまっていることが少なくありません。

一九六〇年代、日本の国会ではこの「国対政治」が腐敗の温床《おんしょう》となり、金銭のやりとりが横行したようですが、現在ではそれはないようです。ともすれば馴《な》れ合いに陥りやすいシステムですので、わたしたちも注意深く見守る必要があるでしょう。

5

法案・法律はいつ、誰がつくっているの？

法案・法律の作成

法案（法律案）をつくっているのは誰なのでしょうか。
また、「内閣提出法案」と「議員提出法案」の違いとは？

「議員立法」と「閣法」

国会は「立法府」とも呼ばれます。つまり国会は、「法律を作成する場所」というわけです。政治を行なうために必要な法律は、その法案が国会に提出され、審議・可決されて、はじめて効力が発生します。

では、法律のもととなる「法案（法律案）」は、いったい誰が作成しているのでしょうか。法案は「内閣提出法案」と「議員提出法案」にわかれ、ほとんどの法案は前者のものですが、実際にその作成を担っているのは、官僚です。

内閣提出法案は、文字通り内閣が衆議院または参議院に提出する法案で、関係省庁に勤める官僚が主導して作成されます。

「内閣が提出する」とはいえ、実際は各省庁の官僚が法案を作成し、大臣や与党の了

法律の成立過程

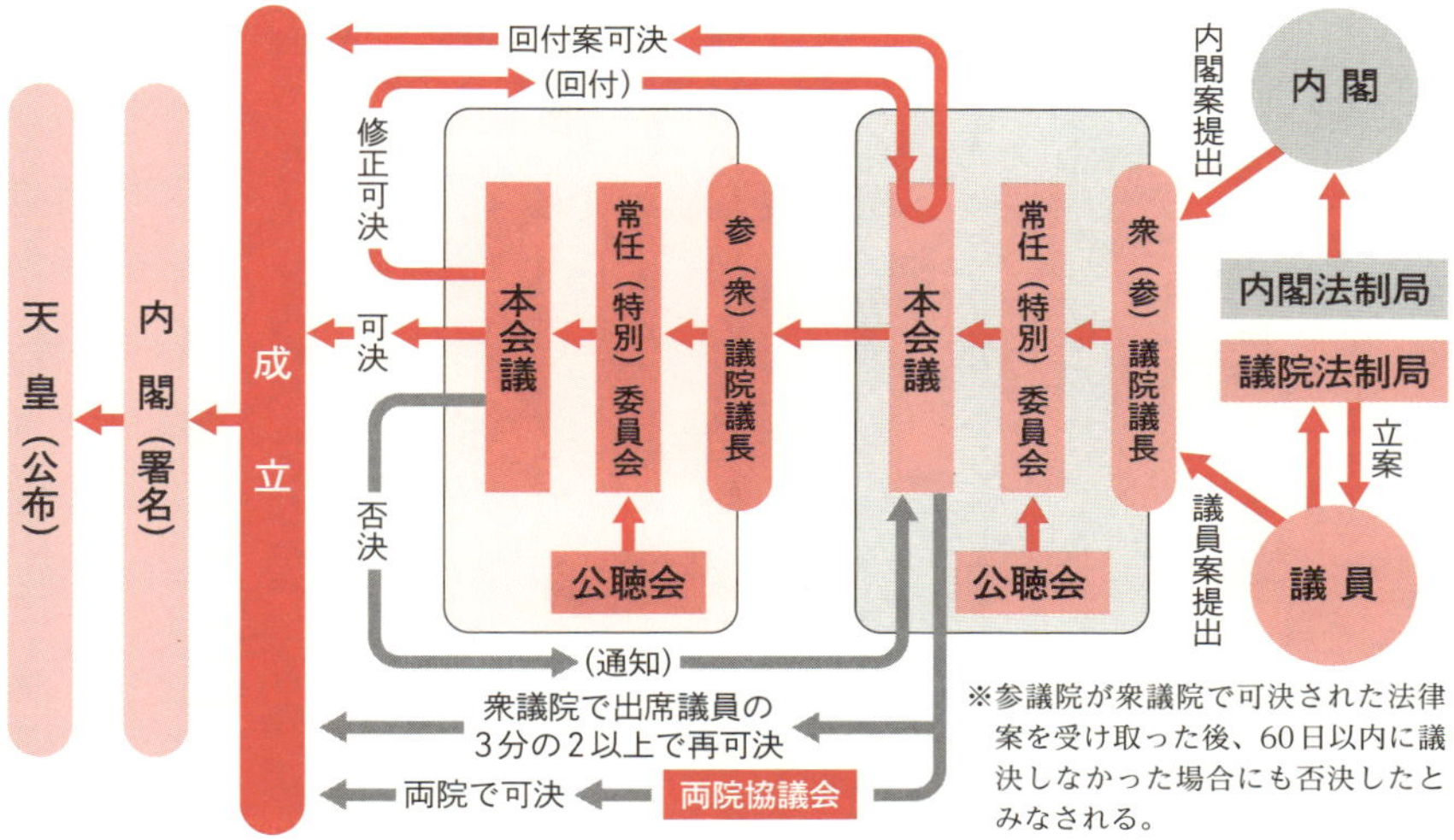

※参議院が衆議院で可決された法律案を受け取った後、60日以内に議決しなかった場合にも否決したとみなされる。

解を得て提出する場合が多いようです。内閣の各大臣がトップダウンで法案をつくり出しているわけではないということですね。

一方、議員提出法案は、国会議員自らが提出する法案で、予算の必要がない法案に関しては、衆議院では二〇人以上、参議院では一〇人以上の賛成が必要となり、予算を伴う（お金の支出が必要な）法案は、衆議院で五〇人以上、参議院で二〇人以上の賛成が必要となります。人数による制限を設けているのは、法案を乱発されると国会が混乱する恐れがあるためです。

ただし、すでにあるほかの法律と矛《む》盾《じゅん》する内容がないかなど、専門的な知識が必要不可欠ですので、国会図書館に調査を依頼したり、衆議院や参議院にある法制局にサポートしてもらうことで、法案を完成させます。

国会議員によって発議され、成立した法律を「議員立法」と呼びます（これに対して、内閣により発議されたものを「閣法」といいます）。

国会が「国の唯一の立法機関である」という憲法第四一条から考えれば、議員が法案を提出し、成立させることは当然のように思われるかもしれませんが、元官僚という経歴をもち、自分一人で法案を作成できるのならいざ知らず、法案作成には素人である議員が少なくないのも事実です。実際には閣法の割合が圧倒的に多く、その割合は全体の八〇パーセントを超えるのです。

官僚主導の法案づくりの評価とは？

では、閣法が法律として成立するまでの過程を見ていくことにしましょう。

関係省庁の官僚が作成した法案は、与党に根回しなどを行ないながら内閣法制局に回されてチェックを受け、閣議で決定し、国会へと提出されます。

関係する衆議院の委員会で審議されたのち、衆議院本会議へと送られて可決されると、参議院でも同様の作業が行なわれ、ここではじめて法案が法律として成立します。内閣の署名を経ると、公布《こうふ》（官報に掲載される）され、施行《しこう》（法令の効力が発生すること）となります。

これまでの流れから考えると、法案作成の主導権をもっているのは官僚であることになります。官僚は言葉に巧みで、一字を変えるだけで内容をガラッと変えることが得意だと揶揄《やゆ》されることもあります。

ですが、実際問題として、議員は地元への挨拶回りや国会への登院など、日常の仕事で忙しく、法案作成に専念できる時間はそんなにないといえます。また、頻繁に交代する各省庁の大臣ら政務三役が法案作成の主導権を握るということも、非現実的です。

実際、民主党が政権を手に入れたとき、「脱官僚」を掲げて官僚主導の行政を一掃するため、内閣に直属する機関として「国家戦略室」を設け、進めようとしたところ、うまくいかず、政策遂行に行き詰まりました。その結果、多くの国民に、政権担当能力に疑問を持たれたことは記憶に新しいところです。

いままで積み上げられてきた法案作成のプロセスは、官僚主導のものではありますが、それを首相や各大臣、与党の幹部が大きな方針を示し、骨抜きとされないよう上手に差配するのが、官僚に操られないで法案を作成できる鍵となりそうです。

6

予算案はどうやってつくっているの？

予算案の作成

国を運営する根幹である「予算」。「本予算」だけでなく「補正予算」などがありますが、どのようにして決められているのでしょうか。

国会では一年中、「お金」の話をしている⁉

どんなに優れた法律があっても、お金がなければ行政を遂行することはできません。予算を確定させることこそ、国会のもっとも重要な役割の一つといえます。

一月からはじまる通常国会では、内閣が新年度（四月～翌年三月）の当初予算案（本予算案《ほんよさん》）を提出し、審議されます。予算の審議は法案と同様、衆議院と参議院の両院で行なわれますが、予算の場合は衆議院の優越が認められており、先に衆議院へ提出されます。

衆議院で可決されると参議院へ回されますが、参議院が採決しない場合は三〇日後に自然成立となり、参議院で否決され、両院協議会でも平行線を辿《たど》ったままでも、衆議院での判断が優先され、成立します。

6 予算案はどうやってつくっているの？

予算編成のスケジュール

1月	← 12月下旬	← 12月中旬	← 9月	← 8月
通常国会に提出し、審議する。	内閣の閣議により、政府案が決まる。	財務省が原案を作成する。	財務省のヒアリングにより、概算要求の根拠を尋ねる。	各省庁で、どれくらいの予算が必要かをまとめ（概算要求）、財務省に提出する。

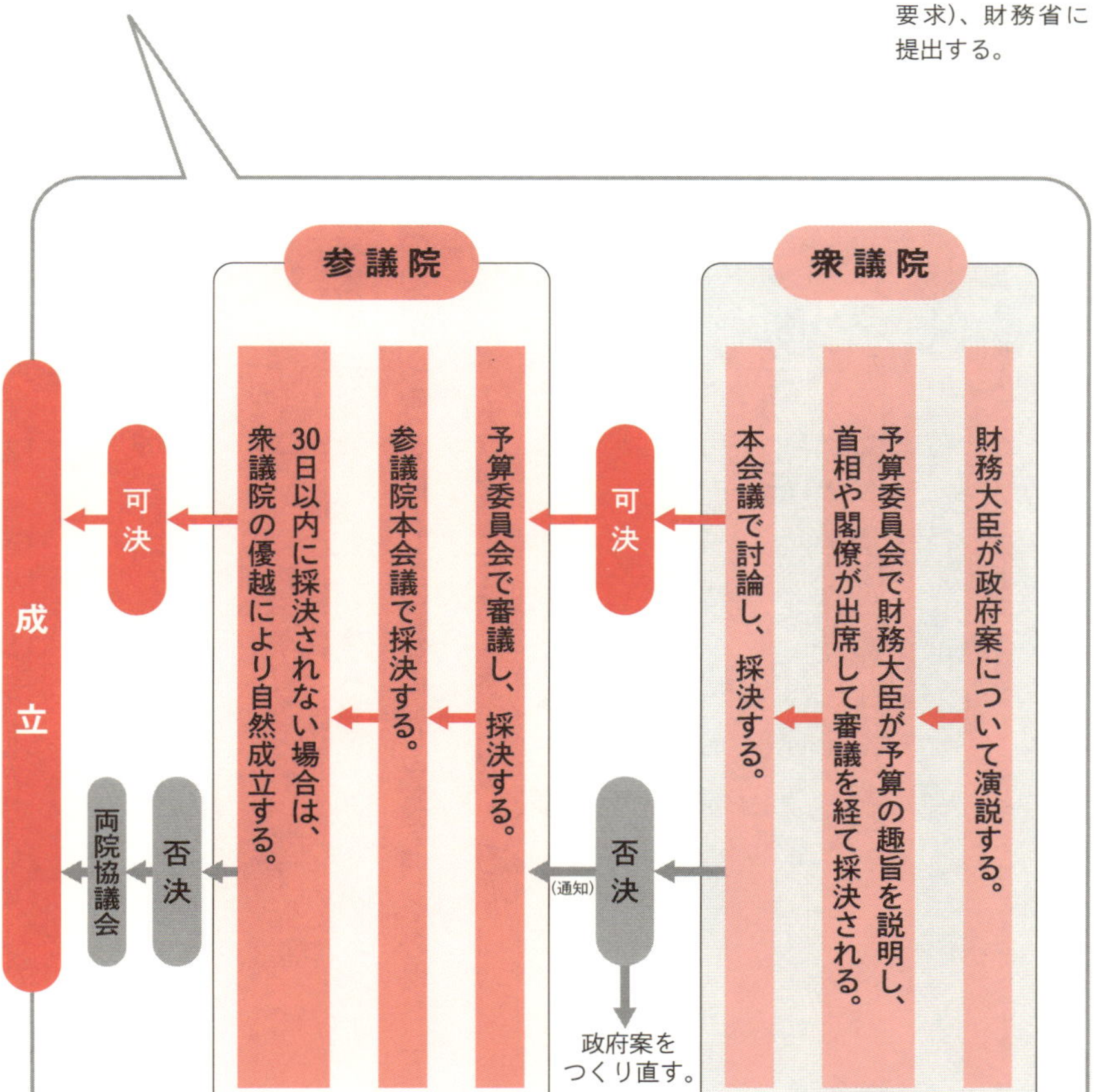
衆議院
財務大臣が政府案について演説する。
予算委員会で財務大臣が予算の趣旨を説明し、首相や閣僚が出席して審議を経て採決される。
本会議で討論し、採決する。
可決
否決
(通知)
政府案をつくり直す。
参議院
予算委員会で審議し、採決する。
参議院本会議で採決する。
30日以内に採決されない場合は、衆議院の優越により自然成立する。
可決
否決
両院協議会
成立

予算に関しては、参議院の判断はいらないじゃないかとも思えますが、少しでも問題提起をすることはできるでしょう。

国会での審議が難航し、新年度である四月一日までに当初予算の成立が間に合わない場合は、行政、ひいては社会の混乱を避けるために、最低限の予算を暫定的《ざんていてき》に組み、当初予算が成立するまでの繋ぎにします。これを「暫定予算」といいます。

このほか、たとえば、東日本大震災のような想定外の大災害や、急激な景気の悪化などが起こった場合は、年度の途中で予算を修正しなければなりません。そのときは国債《こくさい》を追加発行して歳出を増やすのが通例です。これを「補正予算」と呼びます。

なお、前年度の予算の決算は、毎年一一月二〇日前後に国会へ提出されることになっています。

これらから考えると、国会では一年中お金の話を議論していることになりますね。

財務省に掛け合って、予算を決める

では、「当初予算」はいったいどのようにつくられているのでしょうか?

まずはじめに、当初予算の作成は、内閣府（首相をサポートする官庁）に設置されている「経済財政諮問《しもん》会議」が予算編成の方針を決定するところからスタートします。各省庁に編成の重点、方針を示すことによって、予算の方向性を伝えるわけですね。

6 予算案はどうやってつくっているの？

同会議は首相のほか、一〇人のメンバーからなり、そのうちの四人が民間からの登用となっています。

すると、各省庁は、新年度に必要な額を財務省に要求します。これを「概算要求」といい、ここまでが八月末までに行なわれます。

その後、各省庁間および与党との折衝を経て、年末に政府案としてまとめられ、年頭の国会へ提出されるわけです。

かつては、財務省の原案では認められなかった項目を大臣間などの折衝で復活させる事実上のセレモニー（復活折衝）もありましたが、現在では行なわれていません。

なお、各省庁からの概算要求を査定するのが財務省の主計局《しゅけいきょく》です。

国家の予算を預かるところから、財務省は「最強の官庁」との異名をもちますが、主計局こそ、財務省のなかでもっとも力をもっている部署といえるでしょう。

7

「常任委員会」と「特別委員会」の違いとは？

常任委員会と特別委員会

国会内にはさまざまな委員会が存在します。なかでも常任委員会はほぼ各省庁と対応したもので、国会の論議を深める役目を担います。

各省庁に対応した一七の常任委員会

衆議院・参議院の両院には、本会議とともに「委員会」が設けられています。委員会は、法律的な重要さにおいては本会議よりも下に位置しますが、戦後、「委員会中心主義」が採《と》られた日本では、委員会での議論が重要になってきます。

なお、戦前の帝国議会では「本会議中心主義」を採り、本会議での議論が重視されていました。戦後に委員会中心主義に変わったのは、アメリカの議会運営方式を採用したからです。

現在、衆参両院にはそれぞれ一七の「常任委員会」が設置されています。国会議員は、原則として少なくともどれか一つの委員会に所属しなければなりません。また、二つ以上の委員会を掛け持ちしても構いません。

「常任委員会」と「特別委員会」の違いとは？

国会の常任委員会と特別委員会

衆議院	参議院
常任委員会	**常任委員会**
・内閣委員会	・内閣委員会
・総務委員会	・総務委員会
・法務委員会	・法務委員会
・外務委員会	・外交防衛委員会
・財務金融委員会	・財政金融委員会
・文部科学委員会	・文教科学委員会
・厚生労働委員会	・厚生労働委員会
・農林水産委員会	・農林水産委員会
・経済産業委員会	・経済産業委員会
・国土交通委員会	・国土交通委員会
・環境委員会	・環境委員会
・安全保障委員会	・国家基本政策委員会
・国家基本政策委員会	・予算委員会
・予算委員会	・決算委員会
・決算行政監視委員会	・行政監視委員会
・議院運営委員会	・議院運営委員会
・懲罰委員会	・懲罰委員会
特別委員会	**特別委員会**
・災害対策特別委員会	・災害対策特別委員会
・政治倫理の確立及び公職選挙法改正に関する特別委員会	・沖縄及び北方問題に関する特別委員会
・沖縄及び北方問題に関する特別委員会	・政治倫理の確立及び選挙制度に関する特別委員会
・北朝鮮による拉致問題等に関する特別委員会	・北朝鮮による拉致問題等に関する特別委員会
・消費者問題に関する特別委員会	・政府開発援助等に関する特別委員会
・科学技術・イノベーション推進特別委員会	・地方創生及び消費者問題に関する特別委員会
・東日本大震災復興特別委員会	・東日本大震災復興特別委員会
・原子力問題調査特別委員会	
・地方創生に関する特別委員会	

（第200回臨時国会〈2019年10月4日召集〉の場合）

委員は、国会の冒頭に議院において選ばれ、会期中は通常その委員会に所属します。なお、議長や首相、閣僚が委員会のメンバーになることはほぼありません。

常任委員会は、内閣委員会や総務委員会、法務委員会など、ほぼ各省庁に対応したものにわかれています。

もちろん、なかには予算委員会や懲罰《ちょうばつ》委員会など、省庁とは関係のない委員会もありますが、予算委員会は衆議院の委員会のなかではもっとも多く議員が所属しており、その数は五〇人です。その他の委員会は、それぞれ二〇～四〇人ほどで構成されています。

予算委員会はテレビでもよく放送されていますので、一般の人にはほかの委員会よりも身近かもしれませんね。

委員会の構成メンバーの配分は、各会派（国会において活動をともにする議員の組織。228ページ参照）に所属する議員数の比率によります。したがって、与野党の勢力が拮《きっ》抗《こう》している場合は、委員長は与党から出されているのに、そこに所属する委員は野党の方が多いといった現象も起こり得ます。これを「逆転委員会」と呼びます。

特定の問題のために置かれた「特別委員会」

一方、一七ある常任委員会で処理できない特定の問題や、「設置の必要あり」ととくに認められた場合に設置されるのが、「特別委員会」です。

第一九六回国会（常会）の衆議院の場合でいいますと、「災害対策特別委員会」（委員数は四〇人。以下同）や「東日本大震災復興特別委員会」（四五人）、「北朝鮮による拉《ら》致《ち》問題等に関する特別委員会」（二五人）などがそれにあたります（これらの委員会は、参議院にもあります）。

特別委員会は、まさに「特別」に設けられている委員会ですから、設置には国会ごとに議決が必要です。各委員会が会期中に審査を終えなかった場合は、国会閉幕とともに終了となりますが、最近の傾向としては、その後の国会においても改めて議決して、引き続き設置される委員会も少なくありません。

先述の「東日本大震災復興特別委員会」は、二〇一一年三月一一日の大震災以降、継続して置かれているものですし、「沖縄及び北方問題に関する特別委員会」（二五人）も、昨今の国際情勢から、継続して設置されている委員会です。

8

知っておきたい憲法改正の手続きと流れ

憲法改正と国民投票

公布から七〇年以上を経過し、岐路に立っている「日本国憲法」。憲法が改正されるためには、どんな手続きを経なければならないのでしょうか。

現実味を帯びてきた「憲法改正」

一九四六（昭和二一）年一一月三日に公布され、翌年五月三日に施行された「日本国憲法」。国民主権、基本的人権の尊重、平和主義を基本原則とする現行の憲法は、一九四六年二月にＧＨＱ（連合国軍総司令部）によって草案が起草され、帝国議会の審議を経て同年一一月に公布されましたが、それから七〇年以上が過ぎても、憲法正文が変更（削除・修正・追加・増補）されたことは一度もありません。

しかし、二〇一六（平成二八）年七月に行なわれた参院選で、自民党をはじめとする憲法改正に前向きな勢力が、衆議院に続いて三分の二の議席を獲得したことにより、憲法改正の前段階である発議が可能な状況となりました。つまり、憲法改正がいよいよ現実味を帯びてきたということです。

憲法改正手続きの流れ

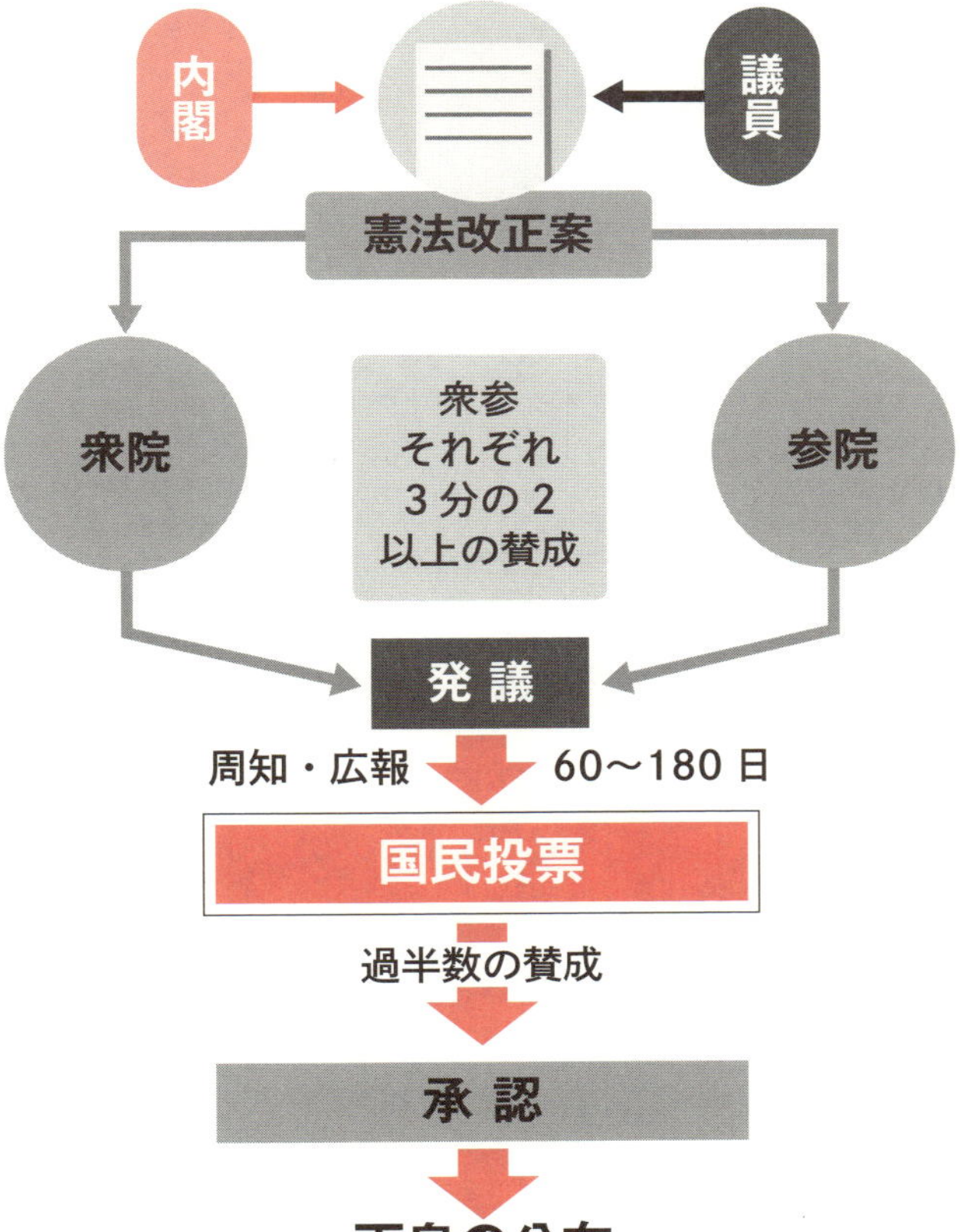

（出典：時事通信社）

憲法改正への流れが本格的になったのは、二〇〇七（平成一九）年に安倍首相の主導のもとに改憲手続きを定めた国民投票法が成立して以降のこと。自民党は、二〇一二（平成二四）年には「国防軍の保持」を明記した憲法草案をまとめています。

さらに、志半ばで退陣した安倍氏が二〇一二年九月に第二五代総裁として復帰し、首相になると、自身の在任中に改憲を目指す方針を打ち出しました。自衛隊を憲法に明記することは国民的な議論に値するとして、九条改正への意志を明らかにしたのです。世の中に憲法改正という言葉が広く知れ渡るようになったのもこの頃からです。

改憲論議は十分になされているのか？

いまだに憲法改正に強い意欲を示す安倍首相ですが、この先、憲法改正の手続きがすんなりと進む状況にはなっていません。二〇一九年七月の参院選でいわゆる改憲勢力が三分の二を割り込み、「桜を見る会」問題をめぐり国会が紛糾するなか、早期に発議する見通しが立たなくなったためです。

安倍首相は、戦力不保持を定めた九条二項を維持することにこだわる公明党との接点を見出すため、自民党がこれまで作成した改憲草案に盛り込み続けてきた二項を削除する案を断念しましたが、一方で、党内には首相の発言に対して「十分な議論が尽

自民党の憲法草案

「憲法改正」
自民党は新しい憲法草案を提示しています。
①国民主権、基本的人権の尊重、平和主義の三つの原理は継承
②わが国は、日本国の元首であり、日本国および日本国民統合の象徴である天皇陛下を戴く国家であることを規定
③国旗は日章旗、国歌は君が代とする
④平和主義は継承しつつ、自衛権の発動を妨げないこと、国防軍を保持することを明記
⑤家族の尊重、環境保全の責務、犯罪被害者への配慮を新設
⑥武力攻撃や大規模自然災害に対応した緊急事態条項を新設
⑦憲法改正の発議要件を衆参それぞれの過半数に緩和　など

（出典：自民党ホームページ）

くされたとは到底いえない」などと批判する政治家もおり、「ポスト安倍政権」を狙う動きも加速しています。憲法改正の議論をきっかけに、安倍首相の求心力が弱まる可能性もあります。

憲法改正は国民にとって最重要課題の一つですが、世間的にも改憲論議は盛んになされているとはいえず、各社の世論調査を見るかぎり、国民的な合意は得られていないといわざるを得ません。このようななかで国民投票が行なわれることになれば、日本の行く末はさらに不明瞭なものになりかねません。

Column 1

国会に設置されている「珍備品」

衆議院議員の定数が465であるのは先述の通りですが、本会議場には議員以外にも関係職員や政府職員、速記者、衛視などが働いていますので、総勢500人以上になってしまいます。

白熱した議論が交わされる本会議場では、場合によっては長い間、その500人以上の人びとが行き交うわけですが、本会議場はあまり換気が効きません。

そこで、健康維持を理由に、1966（昭和41）年5月より、議場脇に「酸素ボックス」が設置されることになりました。

これは、不要になった電話ボックスを再利用したもので、ボックスのなかには酸素ボンベや吸引具、事務用の椅子が1脚あります。椅子は具合が悪くなった人が座るためのものなのでしょう。

酸素ボンベは、毎本会議日に衛視がその都度、ボンベ内の酸素の残量を確認し、吸引具の消毒を行なっているそうです。

また、本会議場の議席の下には折りたたみ式のヘルメットが備えられています。

1978（昭和53）年に「大規模地震対策特別措置法」が制定されたのを機に、また、衆議院の本会議場の天井にステンドグラスが張ってあることにより、議席の下には防災頭巾が備えられるようになりましたが、安全性を高めるために、2017（平成29）年3月から折りたたみ式のヘルメットが導入されています。

最後にもう1つ。国会議事堂を参観する人のために「ラチ」という可動式の柵が設けられていますが、これは実は議事堂の竣工時から使用されているもので、よくよく見てみると「貴族院」と書かれているのが確認できます。

帝国議会時代の雰囲気を少し感じることができる珍品です。

2章

国会・委員会中継はここが面白い！

9

国会中継は何台のテレビカメラで撮影されているの？

テレビ中継の裏側

NHKや衆参のインターネット中継で見られる国会中継。いったい、いつから放送されているのか？　また、何台のカメラが使用されているのでしょうか？

国会中継はいつからはじまったのか？

国会の本会議や予算委員会は、地上波ではNHKがほとんどですが、衆参両院が運営するインターネットのサイトやケーブルテレビ（国会TV）で観ることもできます（インターネットによる視聴には、動画再生ソフトのインストールが必要になります）。

NHKで放送される国会中継の通常の視聴率は一～二％といわれていますが、小泉純一郎氏が首相に就いていた時代は、「巨人戦よりも国会中継の方が面白い」と一部でいわれるほど世間的に高い注目を集めました。

二〇〇一（平成一三）年五月一五日のNHKの国会中継を例に取りますと、平均視聴率は七・六％で、最高視聴率は一三・一％を記録したこともあります。これは同時間帯に民放で流されているワイドショーの視聴率を凌《しの》ぐほどの高さでした。

9 国会中継は何台のテレビカメラで撮影されているの？

衆議院第一委員室のテレビカメラ（国会審議テレビ用）

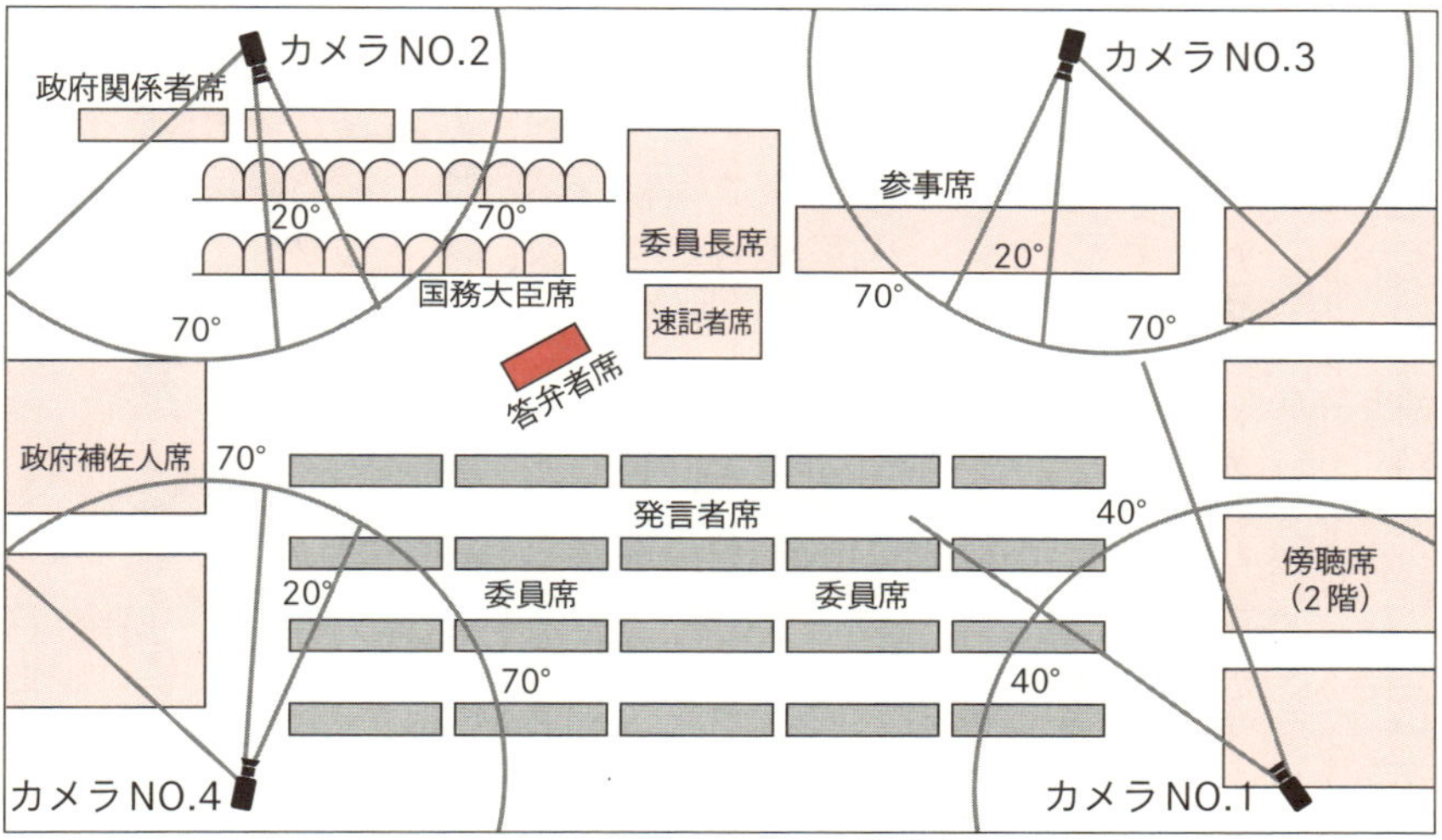

（『放送文化』2002年6月号をもとに作成）

まさに「小泉劇場」が世間の耳目《じもく》を集めていたのです。

この「国会中継」ですが、いったいいつからはじまったのでしょうか。

国会のテレビ中継が開始されたのは一九五二（昭和二七）年のことで、首相指名選挙のときでした。データをひもときますと、これは同年一〇月二四日のことで、首相に指名されたのは吉田茂氏だったのです。ずいぶんと古い時代から国会中継ははじまっていたのですね。

小泉劇場の前に国会中継が広く見られたのはロッキード事件に関連した証《しょう》人喚問《にんかんもん》のときで、一九七六（昭和五一）年のこと。このとき視聴率は三〇％を超え、国民の多くがテレビの前で証人の一挙手一投足を見ていました。

二階の傍聴席に陣取るテレビカメラ

さて、この国会中継ですが、何台のテレビカメラが置かれているかご存じでしょうか？

地上波の国会中継をおもに担当するＮＨＫの広報部に聞いたところでは、衆議院や参議院の本会議の中継では三台のカメラを使用しているそうです。設置場所は、本会議場の二階で、演壇や閣僚席、議員席を撮影できるように、本会議場の正面に向かって、右奥、手前（議員席の上）、左側にそれぞれ各一台ずつ、撮影用のカメラが置かれているとのことです。

委員会の中継では、基本的には二台のカメラが使用されているといいます。カメラは、衆議院第一委員室や参議院第一委員会室の場合、一階の記者席脇と二階傍聴席に各一台ずつ設置され、質問者や答弁者、会場の様子を撮影します。

なお、委員会の中継は、角度的に撮影が難しい場所もあるため、国会が設置したリモートコントロールカメラの映像も使用しているとのことです。

また、党首討論の場合は、党首どうしが向き合う形になるため、一階にカメラをもう一台増やし、合計三台で行なっています。

9 国会中継は何台のテレビカメラで撮影されているの？

テレビカメラは中継ごとに撤収・設置を繰り返します。

一方、衆参両院のインターネット用中継のテレビカメラはというと、衆議院の場合、第一委員室には四台のテレビカメラが設置され、ＮＨＫと同様、質疑者や答弁者の顔を写し出しています。

衆議院庶務課によると、「ＮＨＫの国会中継と混同される方もおられると思いますが、それぞれ別のカメラを設置して放送しています」とのこと。考えてみればもっともなことですが、本会議や委員会室の二階席にズラッとテレビカメラが並んでいるのには、このような理由があったのですね。

ちなみに、現在は技術も向上し、一本のカセットテープで一二〇分撮れるものも登場していますが、三〇分のカセットテープが使われていた時代は一回の委員会に数十本のカセットテープを使用することもあったようです。

委員会は長いときで七時間も審議がなされる場合も少なくありませんので、長丁場になります。テレビ中継のカメラマンも、一時も気を抜く暇がなさそうですね。

10

国会答弁はどうやってつくられるの？

国会答弁の作成

国会での答弁は、大臣などが自分でつくっているわけではありません。では、誰がつくっているのでしょうか？

大臣の答弁をつくっているのは官僚だった！

「国会答弁」とは文字通り、国会における答弁を指しますが、ここではテレビでおなじみの委員会（予算委員会〈衆議院〉や決算委員会〈参議院〉など）における答弁がどのようにつくられているかについて説明していきましょう。

各委員会では、大臣と議員のあいだで質疑応答のやりとりが一問一答方式で行なわれます（本会議の場合は、一括質問・一括答弁方式）が、大臣などの答弁を作成し、サポートしているのは各省庁の官僚です。

質疑をする議員が、事前に質問を所轄官庁の官房総務課へ通告すると、各省庁の国会担当職員が議員から内容を前日までに教えてもらいます。国会担当職員とは、一般的には大臣官房の職員がこれにあたります。

10 国会答弁はどうやってつくられるの？

国会答弁ができるまで

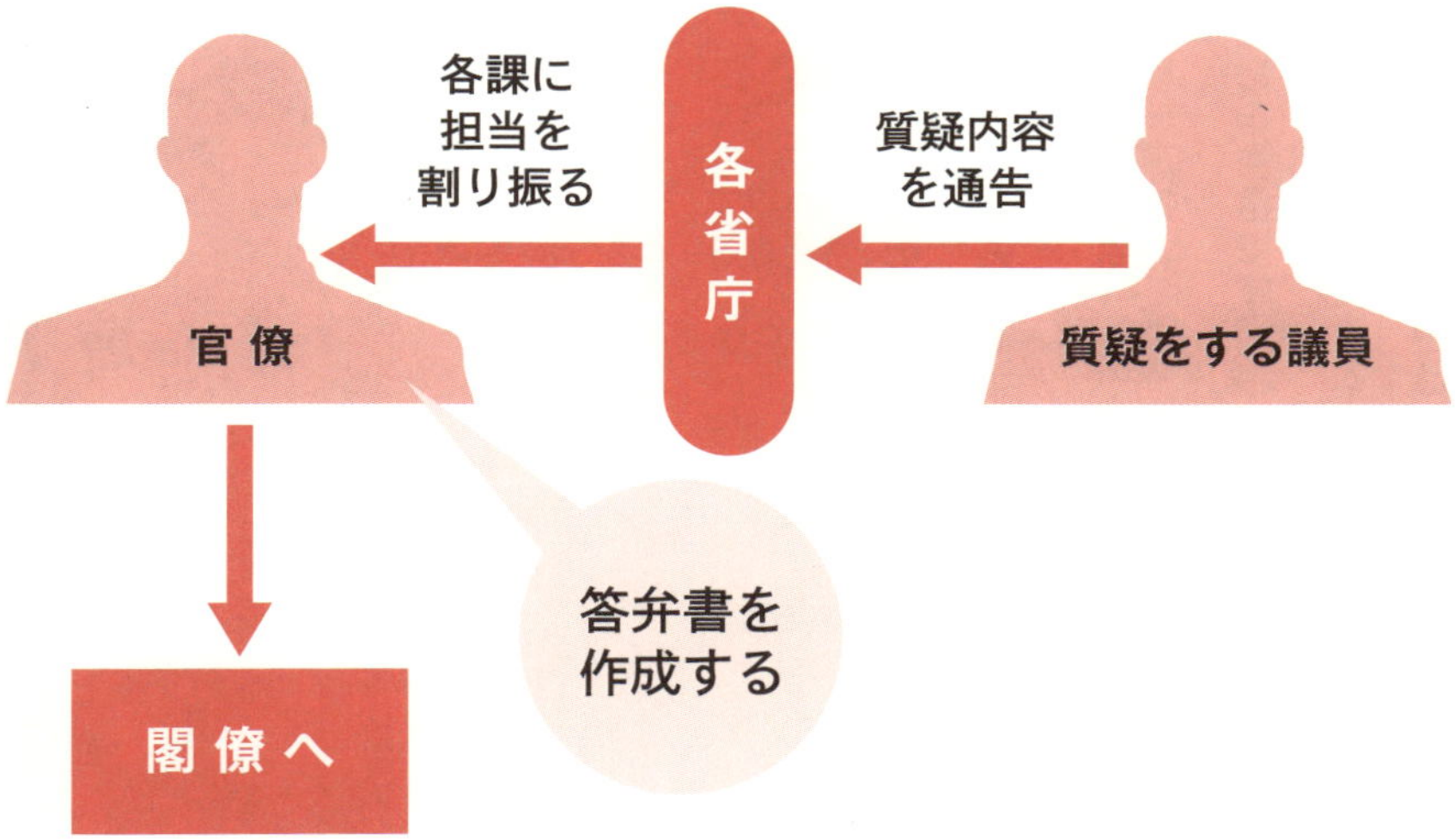

議員から質問内容を訊いた担当職員は、答弁を作成するのに最適な課を選び、振り分けます。ふつうは、課の係長か課長補佐がもととなる原稿を作成し、上司のチェックを受けたあと、局長に回されます。そして、局長がその原稿をチェックし、ときには修正したのち、国会担当職員へと戻されます。

また、答弁する大臣や副大臣には、内容に関してのレクチャーも行なわれています。

一方、議員の質問ですが、これについても、その内容を助言するのが官僚の場合もあるのをご存じでしょうか。

いわゆる族議員や、官僚出身で政策に詳しい議員の場合はこのかぎりではありませんが、新人をはじめとする議員のなかには、「そもそも何をどう質問していいかがわからない」といったこともなくはないようです。

このような場合、議員は自分の政策秘書や、所属政党の政務調査会のスタッフなどに助けてもらう必要があります。

なかには、答弁を要求した先の各省庁の官僚がつくるなどということもあるといいます。大臣がその役所の政策をピーアールしたいため、質問してもらうケースもあります。この場合は、政府と同じ与党議員に多く見られることのようですが、これでは「マッチポンプ」と揶揄《やゆ》されても仕方がありませんね。

寝袋持参で、質疑内容がくるのを待つ官僚たち

また、事前に答弁への準備をできる状態にあるとはいえ、官僚の側も決して楽ではありません。

なぜなら、質問内容が各省庁に送られるのが前日の夜になってしまうことも多いからです。なかには、委員会当日の明け方になってようやく伝えられるなどということもあるようです。

これは野党議員に多く見られることで、実は一つの「戦略」です。締切ギリギリまで質問を敵である政府・与党に知らせないことで、答弁する側に時間的・精神的な余

10 国会答弁はどうやってつくられるの？

裕を与えないようにしているのです。

各省庁の終業時間は午後六時ですが、質問される可能性が高い省庁の担当課の官僚は帰宅することができず、ずっと待ち続けることになります。

また、たとえ質問への答弁を準備できたとしても、議員との一問一答はそれだけで終わるとはかぎりませんので、派生する質疑内容を見越したうえで、それらの答弁の「想定問答集」もつくっておかなければなりません。

官僚のなかには、寝袋を常備している人もいるようですが、こんなやりとりをしなければならないほど、官僚の仕事は実は大変なのです。

さて、ここで答弁作成に関する話をもう一つしましょう。

自分自身で答弁や質問の内容をつくることができず、官僚任せにすると、どのようなことが起こるのか？

答弁や質問集をつくるうえで、官僚たちが困ることの一つに、「どこまで振り仮名（ルビ）をつければいいのか」ということがあるようです。「未曾有《みぞう》」という漢字が読めなかった元首相もおりましたが、振り仮名をつけないと「読めない！」となり、逆につけすぎると「俺をバカにしているのか！」となります。

官僚たちも、この作業が意外とやっかいなことのようです。

11

発言者を「○○君」と呼ぶのはなぜ？

国会の進行のルール

本会議や委員会では議長が発言者のことを「○○君！」などと君付けで呼ぶのが慣例です。でもこれ、根拠がある行ないなのです。

アメリカ議会の呼称「ミスター」が「君」に!?

国会の本会議や各委員会では、議長や委員長が発言者を指名するときに「田中太郎君！」などと「君」付けで呼ぶ光景が見られます。

大の大人が「○○君」などと呼ばれているなんて……と、ちょっと疑問に思った方もおられるのではないでしょうか。

ところが、これはれっきとしたルールにもとづくもので、きちんとした根拠がある呼び方だったのです。

参議院規則の第二〇八条には「議員は、議場又は委員会議室において、互いに敬称を用いなければならない」とあり、これがその根拠となっています。

この規則にもとづき、『平成10年版　参議院先例録』（参議院事務局）四三三に「議員

11 発言者を「○○君」と呼ぶのはなぜ？

は、議場又は委員会議室において互いに敬称として『君』を用いる」と示されているのです。

ただし、土井たか子氏が衆議院議長に在任した時代（一九九三～九六年）には、閣僚や議員を「○○君」ではなく「○○さん」と呼んでいたこともあります。また、参議院では女性のみを「さん」付けとした例もありますので、何でもかんでも「君」付けでなければならないというわけではないようです。

参考人が議長や委員長から呼ばれるときは「○○参考人」となり、「君」付けではなくなります。

なお、第一回帝国議会（一八九〇年）からすでに議員は「君」付けで呼ばれていたようで、一説によると、アメリカの議会で議員を呼ぶときに「ミスター」という呼称を付けていたことに倣《なら》い、「ミスター」を「君」に翻訳して採用したといわれています。

12

党首討論・証人喚問って、何？

党首討論と証人喚問

国会は政策を議論するだけではなく、党首がお互いに議論を深めたり、また、事件の真相を追及したりする場にもなります。

イギリス議会をモデルにはじまった党首討論

国会で行なわれているのは、本会議や委員会における質疑だけではありません。そのほかにも、行なわれていることがあります。

それが、「党首討論」や「証人喚問」です。

小泉純一郎元首相が、野党の党首たちと丁々発止《ちょうちょうはっし》のやりとりを展開したのをご記憶の方も多いでしょう。あれが、党首討論です。

党首討論とは、内閣総理大臣である与党の党首が、野党の党首たちと、政策などについて一対一で議論することです。イギリス議会の「クエスチョン・タイム」をお手本にして、二〇〇〇年より導入されました。ただし、イギリスのクエスチョン・タイムは議員の質問に首相が答える一方通行のものなので、「討論」とはちょっとニュア

12 党首討論・証人喚問って、何？

国会ではこんなことも行なわれている

党首討論

内閣総理大臣（与党の党首）が野党の党首たちと１対１で議論する。「討論」とはいえ、各党の持ち時間が多くないことから、議論が深まる前に終わってしまうことも少なくない。

証人喚問

国政に関する重大な事件が起こったとき、国会では関係者を呼んで証言を求める。与党の議員が証人喚問の対象になると与党のイメージダウンに繋がることから、証人喚問を受けるかどうかで与野党の攻防が見られる。

過去のおもな証人喚問

日付	証人	案件
1976年2月（衆・予委）	小佐野賢治（国際興業社主）	ロッキード事件
1979年2月（衆・予委）	海部八郎（日商岩井副社長）	ダグラス・グラマン事件
1988年11月（衆・特別委）	江副浩正（リクルート会長）	リクルート事件
1994年6月（衆・予委）	細川護熙（前首相）	東京佐川急便事件
1995年6月（衆・予委）	山口敏夫（元労相）	東京協和・安全両信組の乱脈融資事件
2002年3月（衆・予委）	鈴木宗男（前衆議院議院運営委員長）	北方四島支援事業の入札関与など
2006年1月（衆・国委）	小嶋進（ヒューザー社長）	耐震偽装問題
2007年10月（衆・特別委）	守屋武昌（前防衛事務次官）	山田洋行事件
2012年4月（衆・財委）	浅川和彦（AIJ投資顧問社長）	AIJ投資顧問事件
2017年3月（参・衆予委）	籠池泰典（森友学園理事長）	森友学園問題
2018年3月（参・衆予委）	佐川宣寿（前国税庁長官）	

大きな事件のときには証人喚問が行なわれているんだね

ンスが異なります。産みの親は小沢一郎氏とされていますが、本人はあまり党首討論を好んではいないようです。

党首討論は本会議や予算委員会と同様、テレビ中継されることが多いので、野党の党首たちはここぞとばかりに奮闘します。ですから、政策などについての専門的な質問というよりは、いかに相手（首相）を言い負かすかということに重点が置かれてしまい、活気に満ちた政策論争にはなりにくいのが実情のようです。

また、討論する時間も全体で四五分間なので、議論があまり深まることもありません。党首討論に関しては、もう少し白熱した議論ができるよう、改善が必要かもしれませんね。

なお、党首討論には、国会で行なわれるもののほか、衆参の選挙前には日本記者クラブ主催で各党の党首が一堂に会して開かれるものもあります。こちらは選挙前ということもあって、互いの党首が牽制《けんせい》しあい、一対一の議論はないものの、意外と白熱するものとなります。

証人喚問と参考人招致の違いは？

ロッキード事件やリクルート事件など、国政に関する重大な事件が起こったとき、国会では関係者を呼んで証言を求めることがあります。これを証人喚問といい、憲法の第六二条にうたわれている「国政調査権」にもとづくものです。

証人喚問で呼び出された人は必ず国会へ行かなければならず、正当な理由なく呼び出しに応じなければ、一年以下の禁固または一〇万円以下の罰金になります。

また、証人喚問において嘘の証言をすると偽証罪《ぎしょうざい》に問われてしまい、三か月以上一〇年以下の懲役刑が科せられます。正当な理由もないまま、証言を拒否することも違法となり、禁固刑あるいは罰金刑に処せられますので、証人喚問に呼ばれれば真実を話さなければなりません。

しかし、証人が証言することによって、本人や親族、関係者が逮捕・起訴（刑事訴追）される恐れがある場合は、証言を拒否することも可能です。これは憲法の観点から認められたものですが、「刑事訴追の恐れがありますので、証言を拒否させていただきます」と証人がいう場合は、裏を返せば「わたしは法に触れるようなことをしたかもしれません」といったと受け取られかねません。

なお、証人喚問に似ているものに参考人招致があります。こちらは、文字通り「参考人」として呼ばれるだけですので、嘘の証言をしても罪に問われることはありません（道義的な責任は残りますが）。野党の証人喚問要求に対して、与党が「参考人招致なら応じる」といった攻防が繰り返されるのも、この緩さをめぐる争いなのです。

13

予算委員会なのに、なぜ関係ない質問が飛ぶの？

予算委員会の役割

テレビの国会中継で見ることができる「予算委員会」。ですが、予算についての細かい話以外も議論されるのはなぜでしょう？

予算について質問しない「予算委員会」

皆さんはテレビの「国会中継」をご覧になっていて、不思議に思ったことはありませんか？「本会議場での議論よりも、予算委員会での議論の方が面白いなぁ」と。

実は日本の国会は、戦後、アメリカに倣い、議院に設置された委員会を中心として議会が運営されています。これを「委員会中心主義」と呼びます。

つまり、委員会で採決された時点で、審議はほぼ終わっているのです。

衆参両院に置かれた委員会については先述しましたが、委員会のなかでもっとも花形といえるのが、「予算委員会」です。そう、テレビでよく放送される、あの委員会です。

国のあらゆる政策には予算が伴いますので、すべてのことが予算と関係があります。

予算委員会なのに、なぜ関係ない質問が飛ぶの？

主要野党が欠席して行なわれた、参議院予算委員会の集中審議（2018年4月撮影）。

衆議院予算委員会のおもな流れ

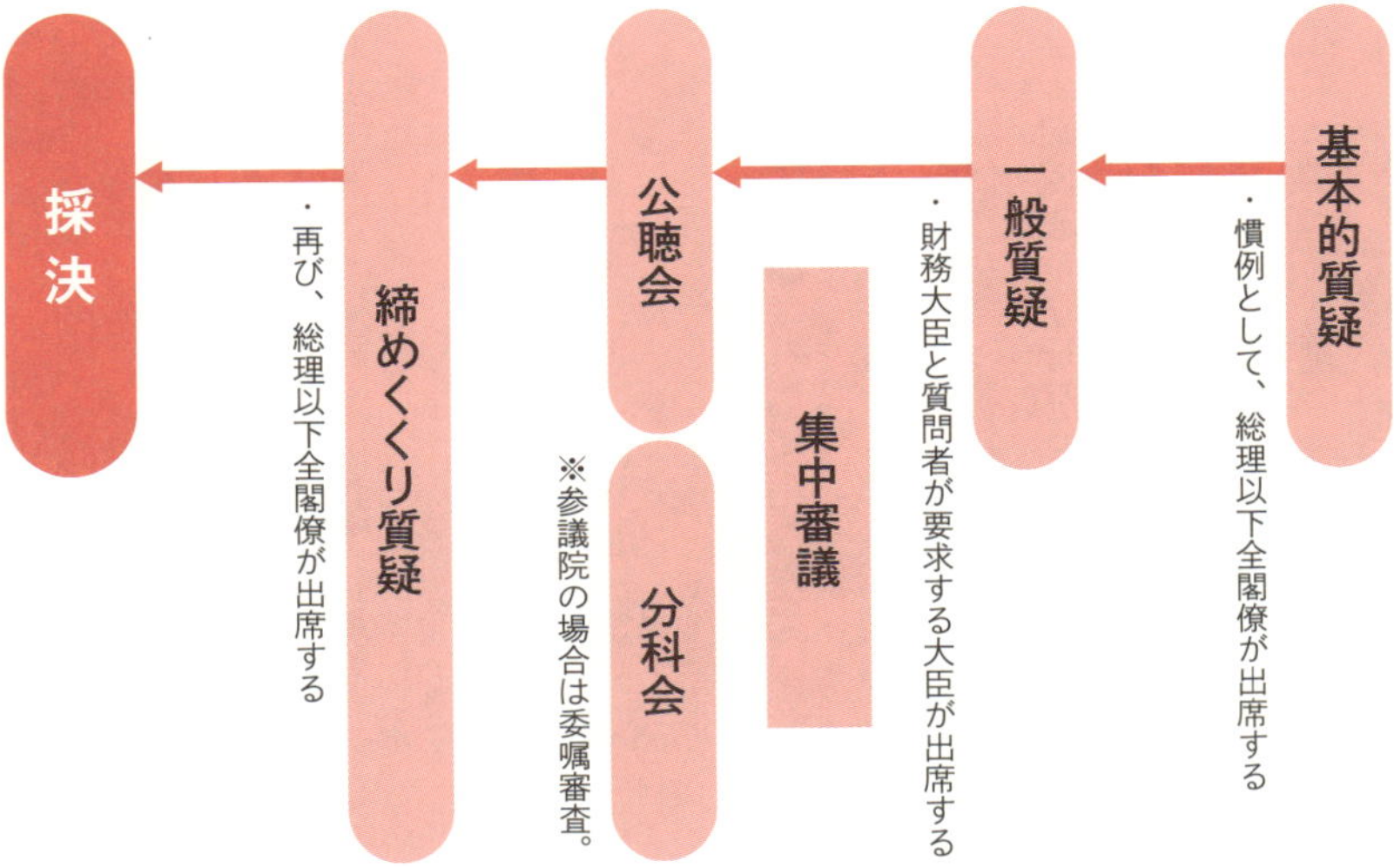

基本的質疑
・慣例として、総理以下全閣僚が出席する
一般質疑
・財務大臣と質問者が要求する大臣が出席する
集中審議
公聴会
分科会
※参議院の場合は委嘱審査。
締めくくり質疑
・再び、総理以下全閣僚が出席する
採決

本来、予算案を審議する委員会で、あらゆることを取り上げられるのは、こうした理由からです。この予算委員会こそ、本会議に代わり、さまざまな問題を議論・審査する場なのです。議論が白熱する理由が、ここにあります。

「予算」を審議する委員会なのに、政府与党の議員のスキャンダルを執拗《しつよう》に追及したり、大臣の失言を「それみたことか」とばかりに揚げ足を取ったりできるのも、委員会中心主義のためなのです。

予算委員会に出席する議員のすべてが、分厚い予算書をすべて理解することはできませんが、ここには首相以下、全閣僚が出席しますので、質疑者にとっては最高の見せ場となります。

このような晴れの舞台に野党の議員が、「○○の事業の予算額が△△億円なんて、高過ぎる!」などと、細々と数字を列挙して追及するよりも、スキャンダルや舌禍《ぜっか》事件を取り上げた方が、与党に確実にダメージを与えることができます。

また、与党相手に舌鋒《ぜっぽう》鋭く切り込んでいる姿が、テレビを通して全国中継されるわけですから、週末しか地元へ帰れない議員にとっては、格好のアピールの場にもなるわけです。

三年ごとに改選される参議院では、このような裏事情によって、選挙が近づくと、その対策の一環として、選挙を控えた議員にあえて質問をさせるようにすることもあるようです。

テレビで自分の姿を何分もアピールできるわけですから、これ以上の選挙対策はないといえます。

予算委員会の基本的な流れとは

新年度予算案を審議する予算委員会は、基本的な流れとして、「基本的質疑」（首相と全閣僚が出席）、「一般質疑」（財務相と関係閣僚が出席）、「集中審議」（時の政治課題を審議）と進み、公聴会や分科会を開いて、全閣僚出席のもと「締めくくり質疑」が終わると、採決に付されます。

大臣や議員のスキャンダルなどがひとたび起こると、予算委員会は大荒れです。

予算案が成立しないと国民の生活に支障が出ますので、予算委員長には政治経験が豊富な、ベテラン議員が就くことがほとんど。現在の衆議院の予算委員長には、八回の当選回数をもつ棚橋泰文《たなはしやすふみ》氏（自民党）が就任しています（二〇一九年一二月現在）。

パネルをテレビカメラへ向けて示したり、議員自身のアピールの場でもある予算委員会。国会での主たる議論の場は、本会議ではなく予算委員会などの各委員会にこそあるといえます。

14

質問の順番・時間はどのように決められている？

委員会の進行

委員会のなかでも「花形」ともいえる予算委員会。実は、質問者の順番や所要時間は「先例集」によって決められています。

慣例で決まっている質問者の順番と時間

国会の本会議に次いで花形の予算委員会。一般的に、一日七時間ほどかけて行なわれていますが、次々と質疑者が大臣などへの質問に立ちます。

予算委員会はテレビ中継されることもありますので、質疑者の国会議員は答弁者のみならず視聴者も意識して、説明用の大きなパネルを用いたりなどしています。

さて、この予算委員会ですが、質疑者として立つ国会議員のあいだに決まったルールがあります。質問する順番と時間が、ある程度、慣例で決まっているのです。

『衆議院委員会先例集（平成一五年版）』（衆議院事務局）の四五には、こうあります。

「発言時間を、各会派の所属議員数の比率に基づいて、各会派に割り当てる」

つまり、各会派（228ページ参照）に振り分けられる質問時間は、所属議員数の割合

衆議院予算委員会の質疑者順と持ち時間

説明・質疑者等	開始時間	所要時間
河村建夫（予算委員長）	9時14分	01分
柴山昌彦（自由民主党）	9時15分	11分
竹内　譲（公明党）	9時26分	11分
逢坂誠二（立憲民主党・市民クラブ）	9時37分	36分
岡本あき子（立憲民主党・市民クラブ）	10時13分	25分
山井和則（希望の党・無所属クラブ）	10時38分	33分
今井雅人（希望の党・無所属クラブ）	11時11分	22分
福田昭夫（無所属の会）	11時33分	17分
藤野保史（日本共産党）	11時50分	17分
浦野靖人（日本維新の会）	12時07分	14分
橘慶一郎（自由民主党）	12時21分	02分
中野洋昌（公明党）	12時23分	03分
藤野保史（日本共産党）	12時26分	02分
串田誠一（日本維新の会）	12時28分	05分

（2018年２月28日の衆議院予算委員会。衆議院インターネット審議中継のデータをもとに作成）

所要時間を見てみると、
各党の勢力によって
配分されていることが
読み取れるね。

によって異なるということです。会派とは国会でのグループのことで、ほぼ政党と同じです。

また、同項にはこういったことも書かれています。

「予算その他重要議案を審査する場合等において、理事の協議により、全体の質疑時間を定め、これを各会派の所属議員数の比率に基づいて各会派に割り当てるのが例であるが、当該委員会の各会派の所属議員数の比率に基づいて各会派に割り当てることもある」

これより考えると、実際にこの慣例に基づいて予算委員会が進行されていることがわかります。二〇一八（平成三〇）年二月二八日の予算委員会では、質疑者の順番は「自由民主党」→「公明党」→「立憲民主党」→「希望の党」となっており、質疑時間は自由民主党の議員（二人）が合計一三分、公明党の議員（二人）は合計一四分、立憲民主党の議員（二人）は六一分、希望の党（二人）は合計五五分となっていました。

もっとも、本来は与党が一番長く質問できますが、政府の負担を考慮して、かなりの時間を返上しています。そして、円滑に審議を進めるため、野党に質問時間を譲るケースがほとんどです。

15 議員にレクチャーする官僚は、何を話している？

官僚のレクチャー

国会中継で大臣が答弁に困ると現れる人。彼はいったい誰なのか？　また、どんなことを話しているのでしょうか？

大臣による答弁は二〇〇一年から

「国会答弁」のページとの関連で、もう一つお話ししておきましょう。

予算委員会での大臣などによる国会答弁で、議員からの質問に困り、名前を呼ばれているにもかかわらず答えようとしない場面をご覧になったことがあると思います。そこへ、スッと現れる人。彼こそ、答弁という台本を最終チェックした官僚の秘書官です。国会審議の際には、議員からの質問内容は事前に知らされていますが、一問一答の流れのなかでは、予定していなかった答えを出さないといけない場面も少なくありません。

そんなときのため、彼らは「想定問答集」を用意してはいますが、それでも間に合わないときがあります。大臣たちが秘書官から直接耳打ちされて「レクチャー」を受

参議院予算委員会で、答弁について秘書官たちから助言される田中直紀防衛相（当時）（2012年４月撮影）。

けているときは、そんなときなのでしょう。

現在では、大臣、副大臣などの政治家が答弁しますが、一九九九（平成一一）年までは官僚が「政府委員」の肩書きで委員会に出席し、頻繁に答弁していました。

この頃、官僚主導の政治を改革しようという気運が高まっていたため、関連法が改正されて政府委員制度は廃止され、大臣による答弁が一般的になったのです。

いまでも官僚が答弁することはありますが、その場合は参考人として呼ばれた官僚のみが、細かい部分について説明する機会を与えられています。

16

国会での「失言」「暴言」はどこまで許されるのか？

懲罰委員会

議員は憲法によって、国会での演説や討論などでの発言に対しては、院外で責任を問われないことになっていますが、処罰されることもあります。

衆参両院に設けられた「懲罰委員会」

憲法の第五一条において、国会議員は議院での演説や討論、表決などについて院外で責任を問われないと明記されています。これを議員の「免責特権」といいます（106ページ参照）。

つまり、国会議員は演説や討論などで他人を侮辱《ぶじょく》しても、刑事罰の対象にはならないということです。この特権により、国会議員は国会における自由な発言が担保されることになります。

これには質問なども含まれるのですが、だからといって、すべての発言がまかり通るわけではありません。議員の発言がもととなって、所属政党などから懲戒処分ないし除名という処分を受けることだってあるのです。

これは、議員と所属政党とのあいだで取り決められたことですので、「憲法違反だ！」ということにはなりません。

また、国会には懲罰委員会というものが設けられており、行き過ぎた言動を起こした議員は懲罰の対象となります。

国会法の第一二一条には「各議院において懲罰事犯があるときは、議長は、先ずこれを懲罰委員会に付し審査させ、議院の議を経てこれを宣告する。（以下略）」とあり、衆議院においては四〇人以上、参議院では二〇人以上の賛成で懲罰の動議を提出することができます。

懲罰の種類には、①公開議場における戒告、②公開議場における陳謝、③一定期間の登院停止、④除名の四つがあります。

また、動議は懲罰事犯が起きてから三日以内に提出する旨も書かれていますので、ゆっくりしている暇はありません。

有名なところでは、二〇〇〇（平成一二）年一一月、保守党の衆院議員だった松浪健四郎氏が、ヤジった民主党議員に向かってコップの水をまき散らしたという例がありますが、松浪氏の場合は二五日間の登院停止という重い処分でした（ただし、その後の国会会期は四日間しか残されていなかった）。

ちなみに、一九三六（昭和一一）年一一月に完成した新たな国会議事堂での最初の論戦は「割腹問答《かっぷくもんどう》」として知られています。

一九三七（昭和一二）年一月二一日、質問に立った政友会の浜田国松が寺内壽一《ひさいち》陸軍大臣とのやりとりのなかで、「……速記録を調べて僕が軍隊を侮辱した言葉があったら割腹して君に謝する。無かったら君割腹せよ……」というものがありました。当時の浜田代議士は七〇歳、寺内陸相は五七歳で、ともに政界の長老でした。

二人のあいだのやりとりは世間的にも大きな反響を呼び、議会は二日にわたって止まるほどでした。

また、寺内陸相は「政党が時局に対して認識不足である」として議会解散を強く主張し、広田弘毅《ひろたこうき》首相は内閣不一致を理由に、同年一月二三日に総辞職することとなりました。

Column 2

国会で使われる裏キーワード①

隠語や業界用語はどの業界にも存在しますが、もちろん国会や議員のあいだで通用する言葉もあります。

ここでは、その一部をざっと紹介することにしましょう（続きはコラム3にもあります）。

【金バッジ（きんばっじ）】

国会議員のこと。議員徽《き》章《しょう》（議員バッジ）のフェルトは絹糸が約7000本、堅くまとめられてできており、丁寧に和《わ》鋏《ばさみ》で刈り込んで形を整えている。機械でつくることはできず、人の手でしかできない技術とか。なお、議員徽章の金属部分は、衆議院議員は金メッキで、参議院議員は金張り。

【堂々巡り（どうどうめぐり）】

国会の本会議場で、議員が順々に演壇に登り、記名投票を行なうこと。記名投票のときの順番は、傍聴席から見て右側の一番前から順次演壇に登り、白票（賛成票）か青票（反対票）を投じる。なお、青票とはいえ、実際の色は青緑色。

【寝る（ねる）】

審議拒否のこと。「審議」とは本会議の議事のことで、委員会の議事は「審査」と呼ぶ。ちなみに、「起きる」とは、野党が審議拒否を止めて、国会が正常化すること。

【雛壇（ひなだん）】

国会の本会議場の大臣席のこと。桃の節句に飾る雛壇飾りから付けられた。議長席に向かって左側の中央寄りが総理、右側がナンバー2の席。

3章

国会議事堂を大解剖する！

17

完成まで一七年もかかった国会議事堂

建造の歴史

永田町のシンボル「国会議事堂」。この建物、いったいどれくらいの大きさかわかりますか？
また、その設計者とは？

中央塔の高さは六五・四五メートル

「白亜の殿堂」とも称される永田町の国会議事堂。

日本の立法府の象徴であるこの国会議事堂が完成したのは一九三六（昭和一一）年一一月のことで、一九二〇（大正九）年一月に地鎮祭《じちんさい》が行なわれて工事が開始されて以来、一七年の建築期間を要しました。

国会議事堂は中央塔を中心として、ほぼ左右対称になっています。これは、日本の国会が衆議院と参議院という二つの議院から成り立っているためです。先に国会議事堂を「日本の立法府の象徴」と述べたのは、このことが理由です。

敷地面積は約一〇・三万平方メートル、建物面積は一万三三五八平方メートル（延べ面積は五万三四六六平方メートル）、長さ（南北）は二〇六・三六メートル、奥行き

データで見る国会議事堂

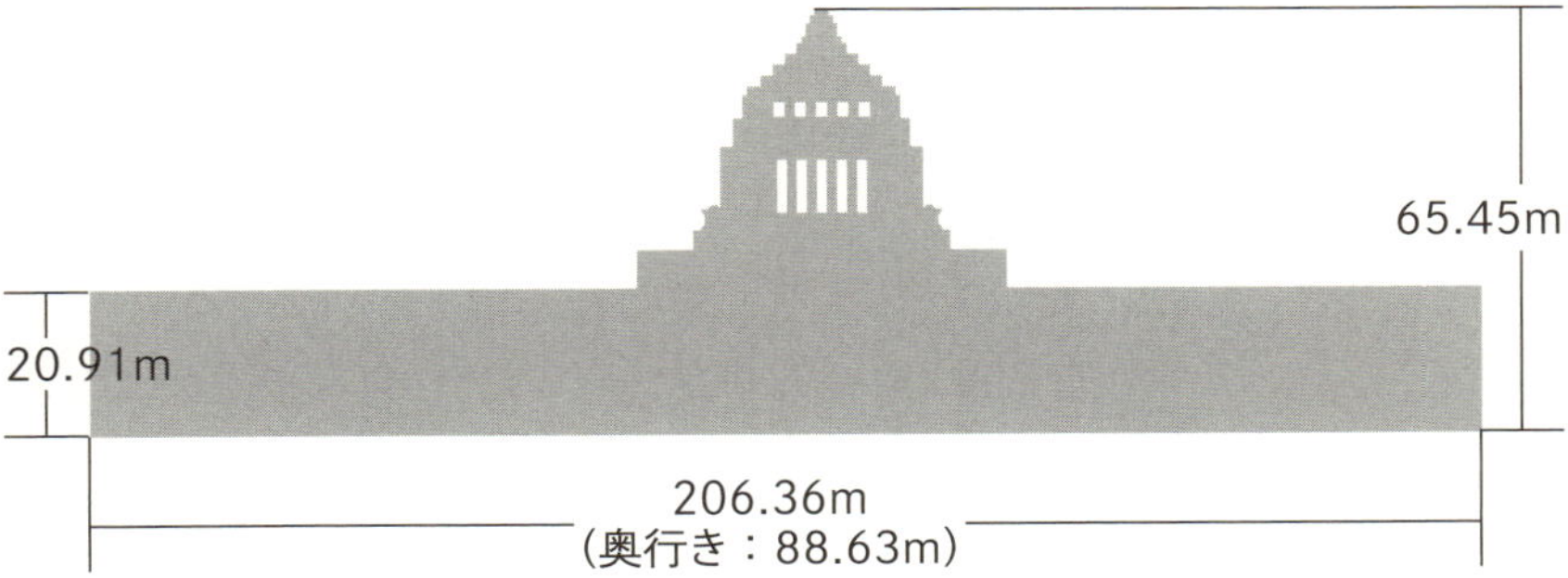

構造	地上3階（中央部分4階）、地下1階、中央塔9階、鉄筋コンクリート造り
費用	2,570万円（当時）
工事従事者数	延べ254万人
敷地面積	103,000m²
建物面積	13,358m²（延べ53,466m²）
長さ（南北）	206.36m
奥行き（東西）	88.63m
高さ（屋上）	20.91m
高さ（中央塔）	65.45m
建築期間	17年間（1920〈大正9〉年1月～1936〈昭和11〉年11月）
本会場面積	衆議院743.81m²／参議院743.81m²

（東西）は八八・六三メートルにおよびます。

地上三階（中央部分は四階）、地下一階という構造をしており、鉄筋コンクリート造りです。屋上までの高さは二〇・九一メートルで、中央塔の高さは六五・四五メートルにも達します。中央塔の最上階は六畳ほどの小部屋になっていて、四方に窓が配されていますが、警備上の理由により立ち入りが禁止されています。

国会議事堂の建設は、一八八一（明治一四）年に「明治二三年に国会を開催する」という明治天皇の詔書が下されて以来、たびたび検討されてきましたが、財政難を理由に実現することができずにいました。

その後、建築技術者をドイツへ派遣するなどして、議事堂建設の準備に備え、閣議で議事堂の建設地を麹町《こうじまち》区永田町（当時）に決定したのは、一八八七（明治二〇）年四月のこと。永田町が建設地に選ばれた理由は、皇居に近いことに加え、もともとこの地が武士や旗本《はたもと》の住まいがあった土地だったことが挙げられます。また、それまでに行なわれていた地質調査により、この地の地質が強固なことが確認されていたのも大きな理由です。

「デザインは日本人に懸賞募集」

一八九〇（明治二三）年七月の第一回衆議院議員総選挙の後の一一月、第一次仮議

完成まで一七年もかかった国会議事堂

事堂が落成し、第一回帝国議会が開かれます。このときの仮議事堂は木造でした。

そして、それから九年後の一八九九（明治三二）年四月、議院建築調査会が内務省に置かれ、「予算二五〇〇万円、工期一五年、デザインは日本人に懸賞募集」という要項が決議されます。

実際に懸賞募集することを発表したのは一九一八（大正七）年九月のことで、この応募には一一八通が寄せられ、四案が当選しました。

ですが、現在見られる国会議事堂は、宮内省の渡邊福三《わたなべふくぞう》の第一等の案がそのまま採用されて建てられたものではなく、第一等の案をおもに参考にしたうえで、国の建築技師たちによって手直しをされたものです。なお、第一等の懸賞金は当時のお金で一万円だったといいます。現在の貨幣価値に直すと、数千万円にも達します。

そして、一九二〇年一月に地鎮祭が行なわれ、落成式典が催されたのは一九三六年一一月のこと。翌月には新国会議事堂で初の議会（第七〇回帝国議会）が開かれ、現在まで使用されることとなったのです。

建設開始から一七年間、明治天皇の国会開設の詔書が下されてから数えると、実に五五年もの歳月がかかっていました。

18

「国産品」のみの材料で建設された国会議事堂

国産品の使用

日本の本土のみならず、台湾や朝鮮半島、樺太などからも資材が調達された国会議事堂。全体の重さはいったいどれくらいになるのでしょうか？

台湾や樺太からも調達された建築資材

日本を代表する建造物である国会議事堂を建設するにあたっては、「国産品を使用する」ということが原則とされました。

それは耐久性だけが考慮されたわけではなく、見た目の美しさにもこだわったためのようで、日本の各都道府県はもちろん、建設時に日本の領土となっていた台湾や朝鮮半島、満州《まんしゅう》、樺太《からふと》などからも建築資材が集められました。

たとえば、北海道からはケヤキやブナ、ナラ、タモ、青森からはケヤキ、秋田からは石膏《せっこう》、茨城からは銅、大理石など、山梨からは割栗石《わりぐりいし》、愛知からは陶器やタイル、棕櫚《しゅろ》、電動機、京都からは飾金具、刺繍《ししゅう》、織物、箔、香川県からは壁下貼用紙、山口県からは花崗岩《かこうがん》、大理石、福岡からはセメント、鹿児島からは桑、沖縄からは琉球石、

18 「国産品」のみの材料で建設された国会議事堂

国会議事堂内にある天皇陛下の「御休所」。この部屋の装飾は、総檜造りの本漆塗りになっているなど、当時の建築や工芸の粋を集めてつくられた。

台湾からは台檜《たいひ》、朝鮮半島からは大理石といった具合です。

国会議事堂全体の重さは一〇万九〇〇〇トンに達しますが、そのうち、石材使用量は二万八四〇六トン、セメント使用量は二万七四四六トンにもおよびます。

国会議事堂内にはロイヤルレッドの絨毯《じゅうたん》（赤絨毯）が敷かれていますが、これもまた最高級品。幅一・八メートルの赤絨毯は総延長約四・六キロで、一平方メートルあたりの単価は二万円以上。大勢の人に踏まれるので傷みが早く、数年に一度は取り替えなければなりません。また、衆参で取り替え時期が異なるため、赤い色の濃さが異なるそうです。

19

国会議事堂の部屋割りは？

国会議事堂の内部構造

国会議員が日々働いている国会議事堂の内部はどのようになっているのでしょうか？　また、中央の三角屋根の下には何があるのでしょうか？

衆参の本会議場は議事堂の何階にあるの？

国会議事堂の内部がどのようになっているのか、皆さんはご存じでしょうか？

建物は地上三階、地下一階建てで、中央部分のみ四階建てになっています（塔の部分は九階に相当する）。地下は機械や電気、設備関係のフロアです。

衆参両院にはそれぞれ専用の入口があり、議員は登院するとすぐ玄関にある「議員登院表示盤」にある自分の名前のボタンを押して、自分が登院したことを告げます。なお、議事堂には中央玄関もありますが、天皇陛下や外国の国王や首相、大統領を迎えるとき、また、選挙での当選後にはじめて議員が議事堂へ入るときのみ開かれます。

一階は衆参両院の事務局があり、わたしたちがテレビ中継などでよく目にする衆参両院の本会議場は二階にあります（本会議場は二～三階の吹き抜けになっていて、傍聴

19 国会議事堂の部屋割りは？

席は三階)。

本会議場は、衆議院、参議院ともに同じ広さと配置をもっています。座席数は、衆議院は六三五席、参議院はかつての貴族院時代の四六〇席ありますので、現在の議員定数(衆議院は四六五議席、参議院は二四五議席〈二〇一九年一二月〉)とは一致していません。

ただし、両院の本会議場で異なる点は、参議院の本会議場には天皇陛下のお席が設けられているということ。これは、参議院の本会議場において、国会の召集日には天皇陛下をお迎えして開会式が開かれていることによります。

開会式には衆参両院の議員が集まり、両院を代表して衆議院議長が挨拶をし、天皇陛下からお言葉を賜《たまわ》ります。

なぜ国会の開会式が参議院本会議場で開かれるのかといえば、帝国議会時代の開会式が貴族院で開かれていたことを受け継いだためです。こんなところに、大日本帝国憲法時代の名残《なごり》を見ることができるのですね。

議事堂の三階を占めるのが、委員会室です。テレビ中継で白熱した議論を見せる予算委員会などが開かれている場所です。呼び名は、衆議院では委員室、参議院では委員会室と、少し異なります(本項では委員会室に統一)。

委員会室は議事堂の三階と、議事堂の外に建っている議事堂分館に、両院合計で

参議院

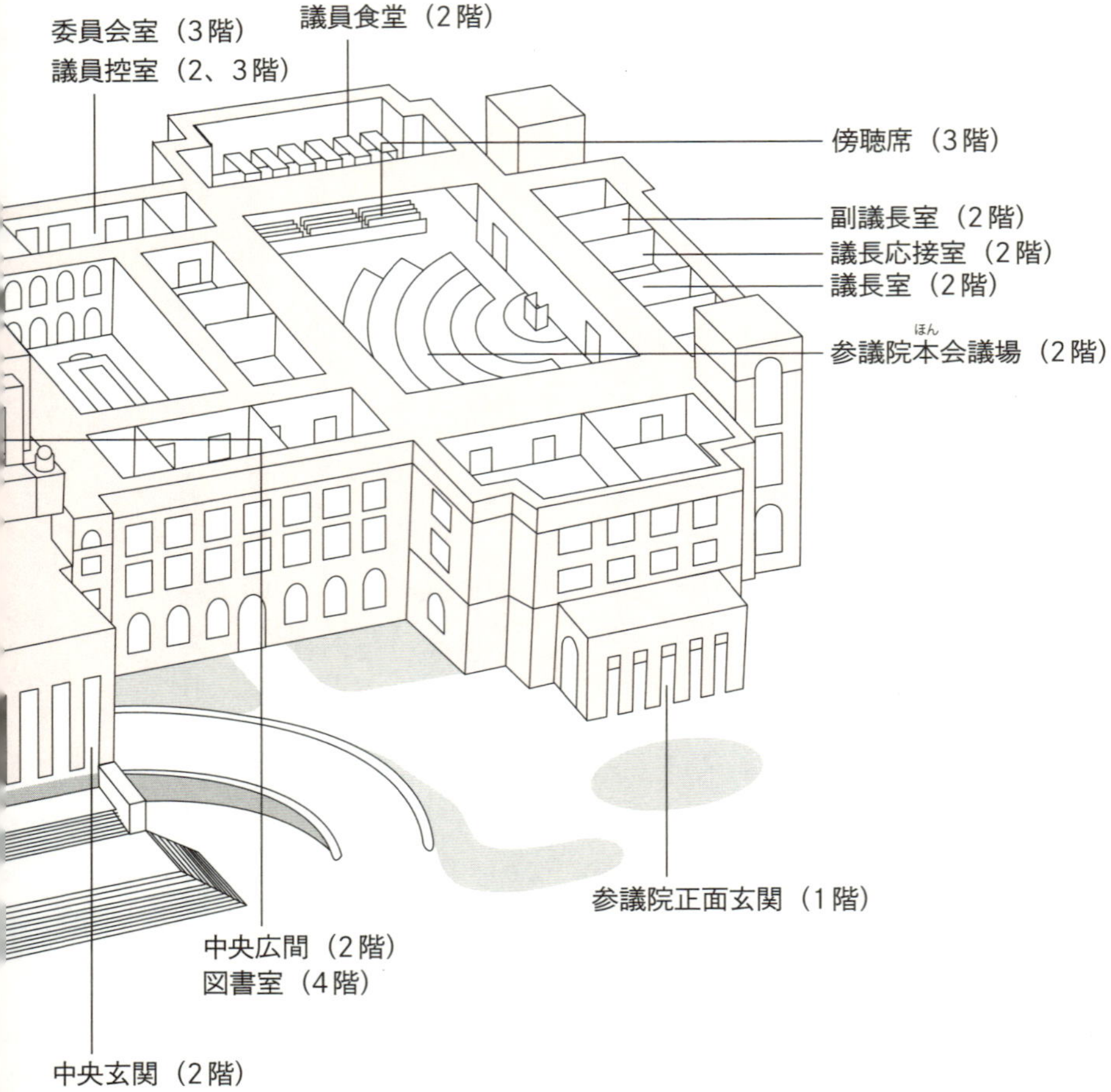

議員食堂（2階）
委員会室（3階）
議員控室（2、3階）
傍聴席（3階）
副議長室（2階）
議長応接室（2階）
議長室（2階）
参議院本《ほん》会議場（2階）
参議院正面玄関（1階）
中央広間（2階）
図書室（4階）
中央玄関（2階）

国会議事堂の内部構造

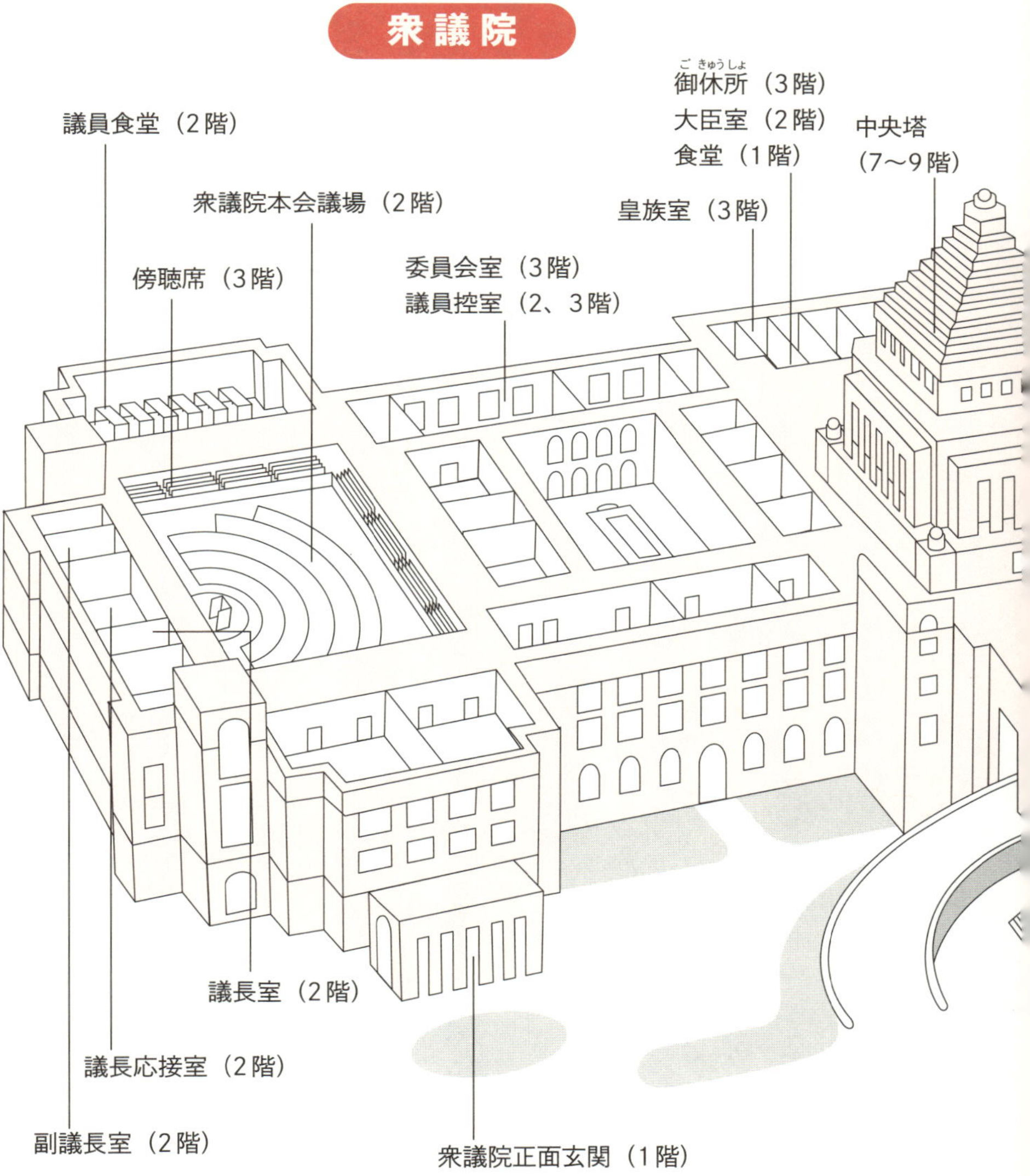
衆議院
御休所《ごきゅうしょ》（3階）
大臣室（2階）
食堂（1階）
中央塔
（7～9階）
議員食堂（2階）
衆議院本会議場（2階）
皇族室（3階）
傍聴席（3階）
委員会室（3階）
議員控室（2、3階）
議長室（2階）
議長応接室（2階）
副議長室（2階）
衆議院正面玄関（1階）

三〇室あり、これらの部屋で常任委員会や特別委員会、参議院の調査会などが開かれているのです。委員会室はそれぞれ統一されたつくりをしているわけではなく、学校の教室のような対面式のものもあれば、円形や馬蹄《ばてい》形に席が配置されているものもあります。テレビ中継で目にする予算委員会や決算委員会が開かれるのは、衆参の第一委員会室で、委員長や委員、閣僚、事務局職員の席が所狭しと設けられています。

展望階からは富士山や南アルプスが見えた！

国会議事堂にはそのほか、内閣総理大臣室や国務大臣室、秘書官室、官房長官室、常任委員長室、議員控室などがあります。珍しいところでは皇族室、医務室、面談室などというものもあります。

中央部分は四階建てと先述しましたが、実は七～九階が設《しつら》えられており、八階には明かり窓がたくさん設けられています。議事堂を外から見ると、三角屋根のすぐ下に小窓があるのが確認できますが、その部分が八階なわけです。

九階は展望階になっており、こちらにも細長い小窓があります。国会議事堂の高さは中央部分で六五・四五メートルありますが、竣工当時は建物として日本一の高さを誇っており、展望階から富士山はもちろん、南アルプスの山々を望むこともできたそうです。

20

本会議場で閣僚や議員が座る席は決まっているの？

本会議場の仕組み

本会議で座る席はどのようになっているのでしょうか？　また、政党別の配置はどうなっているのでしょうか？

大臣の席は総理大臣が決めている

本会議場は国会内に衆議院と参議院とで別々にありますが、この項では衆議院の本会議場について説明することにしましょう。

衆議院の本会議場の広さは約七四四四平方メートル（約四五〇畳）ありますが、参観する人にとってみれば「思ったよりも狭い」という印象を受けることが多いようです。中央の大きな椅子のあるところが議長席で、向かって左隣が事務総長席となっています。

この議長席を中心にして閣僚らが座っています。席は二列になっており、前列は大臣席で、後列には事務局の関係職員や政府職員が座ります。総理大臣の席は左側の大臣席のなかでももっとも議長に近い場所で、その他の大臣席はその時々の内閣によって変わります。

各大臣がどの席に座るかは、実は総理大臣が決めることになっているというのが面白いですね。

第四次安倍内閣の場合、本会議場の閣僚席（ひな壇）は、議場から見て中央演壇の左側に安倍首相、演壇を挟んで右側の序列二位の席に野田聖子総務大臣が座っています。

ちなみに、首相の向かい側の席は「筆頭席」と呼ばれており、代々重鎮が座る席とされています。

議席は議長席を中心に扇形に並び、所属議員数の多い会派ごとに順に議長席に向かって左側から右側へ座ります。

したがって、第二〇〇回臨時国会の場合は、議長席に向かって左側から、自民党・無所属の会、立憲民主・国民・社保・無所属フォーラム、公明党、共産党、日本維新の会などとなっています。

21

衆参両院の議長の仕事は意外と大変!?

議長の役割

両院の本会議を進行させる議長。月額二〇〇万円以上の好待遇ですが、ほかにはどのような仕事をしているのでしょうか?

月額二一七万円という給与は高いか? 安いか?

国会の本会議を開会し、議事を進行させる役目が「議長」です。議長は内閣総理大臣と最高裁判所長官と同列に位置づけられ、衆議院の優越性が認められてはいますが、待遇は衆参で変わりありません。二〇二三年四月現在、衆議院議長には細田博之氏、参議院議長には尾辻秀久氏が就いていますが、名誉職の意味合いも少なくありません。

この議長ですが、本会議においては一番偉いわけですから、両院の議長室は衆参両院の本会議場の議長席からもっとも行きやすい場所に設けられています。議長室の隣には議長応接室があり、ここでは本会議の日程や、議院全体について検討する議院運営委員会（議運）が開かれています。

議長の給与は月額二一七万円と、国会議員の一二九万四〇〇〇円よりもずっと高く

額賀福志郎氏から特定秘密保護法運用に関する2017年の年次報告書を受け取る大島理森衆議院議長（当時。右から２番目）。

設定されています。本会議だけを進行させるだけでこれだけもらっているのか！　とお思いでしょうが、このほかにも議長の仕事は意外とあるのをご存じでしょうか？

たとえば、内閣総理大臣の親任式に立ち会ったり、宮中晩餐《ばんさん》会に出席したり、世界各国から日本を訪れた国会議員を招いて親交を深めたりするのも、議長の重要な役目です。また、広島の平和記念式典への出席などもこなしています。

わたしたちの目に触れる機会はニュースや国会のテレビ中継がほとんどですが、議長には地道な仕事も数多くあるのですね。

22

国会議事堂と地下で繋がっている議員会館

議員会館

国会議事堂の近くに建ち、日々議員が仕事をする部屋があるのが議員会館です。いろいろと批判もある議員会館ですが、その実態とは？

会館内には柔道場やスポーツジムも完備！

衆参両院の議員は、仕事をするための部屋を国から一部屋ずつ与えられていますが、その部屋があるのが議員会館です。議員会館は国会議事堂の道路をはさんだ反対側に建ち、両者は地下通路で繋がっています。

議員会館は衆議院に二つ、参議院に一つあります。選挙に当選した議員はここで職務に励んだり、選挙区や支持団体からの陳情に対応することになりますが、落選すれば出て行かなければなりません。落選した議員はすぐさま引っ越し作業にとりかかり、引っ越し当日は涙ながらに秘書らとの別れを惜しみます。

議員会館でひと頃問題となったのが、建て替えの是非です。それぞれ老朽化が進んだということで、二〇一〇（平成二二）年に新会館が完成しましたが、衆議院第一議

空から見た議員会館（中央右側、３棟の同じ建物）と首相官邸（左下）(2010年６月撮影)。

22 国会議事堂と地下で繋がっている議員会館

員会館などは地上一二階、地下五階という巨大な建物で、議員の部屋の坪単価は約一八二万円もかかっています。

もちろん、議員は国のために働いているのですから、働きやすい環境を整備するのは致し方ありませんが、ちょっと豪華かもしれませんね。また、議員会館内には食堂や喫茶室のほか、理容室やマッサージ室も完備されています。

特異なところでは、衆議院第二議員会館の地下三階には柔道場もあります。これは、国会を警備する衛視《えいし》が訓練する場として旧会館にもつくられていたものですが、希望があれば国会議員でも使用することができます。

また、同フロアには、それまで会館の裏手にあった国会健康センターなるものがあります。これはスポーツジムを完備した、国会議員や職員の健康維持を目的とした施設ですが、さまざまな健康器具が揃っているのはもちろん、トレーナーも常駐しています。こちらの施設を使うときはもちろん無料なのですが、税金の無駄遣いとの指摘もなくはありません。

23

国会議員の調査を補助する国会図書館

国会図書館

「図書館のなかの図書館」と称される国会図書館。一般人も利用できますが、どのような役割を担っているのでしょうか?

国会図書館は国会議員のシンクタンク

地下鉄を永田町駅で降りて、国会議事堂へ向かう途中にあるのが国立国会図書館です。「図書館のなかの図書館」とも称され、日本最大級の図書館です。

国会図書館は国内のあらゆる出版物を収蔵・保存し、サービスに努めています。最新のデータ(令和三年度)によりますと、同館の所蔵総数は四六二一万七五三〇点におよび、図書だけでも一一九二万七九七八冊に達します。図書のみで数えても毎年約二〇万冊が増えていますが、国立国会図書館法の納本制度により、原則、出版社は出版物を同館に納めなければならないことになっています。

国会図書館は永田町の東京本館と関西館、子ども国際図書館があり、一八歳以上であれば基本的に誰でも利用することができます。ただし、町の図書館と異なり、閉架

国会議員の調査を補助する国会図書館

国立国会図書館本館の１階ホール。ずらっと並んでいるパソコンは蔵書検索およびコピーサービスのためのもの（2018年４月撮影）。

式ですので、パソコンで利用したい本などを申し込んだのち、カウンターで受け取る形となります。

いまから十数年前までは、申し込んでから本が利用できるまで三〇分以上かかりましたが、現在では一五～二〇分ほどで手許にくることが少なくありません。

そして、国会図書館のもう一つの役割が、「国会に対するサービス」です。むしろ、こちらの方が同館の重要な役目といえるでしょう。何せ「国会」図書館なわけですからね。

国会に対するサービスは、「図書館サービス」と「立法調査サービス」にわけられます。前者は一般人に対するサービスと同様の、閲覧や複写などにまつわるものですが、後者は国政課題に関する調査や情報をサービスすることが挙げられます。

立法調査サービスは同館内の「調査及び立法考査局」という部局が担当します。外交や農林、財政、国土など、省庁に沿った形で調査室が設けられています。

依頼内容は国政課題や内外の事情のほか、法案の分析・評価、法案要綱の作成などです。令和三年度の調査・レファレンス処理件数は三万三二〇件に達しました。単純計算で、一日に八〇件以上の依頼があるということになります。

また、同部局では、予測調査といって、国会において将来議論の対象になることが予測される国政課題について、あらかじめ調査しておくことも行なっています。

このことからも、国会図書館は国会議員のシンクタンクといっても過言ではないでしょう。

なお、現在、国会図書館ではデータベース化が進んでおり、とくに雑誌記事検索には目を見張るものがあります。過去の記事はパソコンで検索し、そのまま複写を申請することが可能です。

また、古文書類や戦前の史料などが豊富に所蔵されているのも国会図書館の特徴の一つで、江戸時代の小説や戯曲、絵本などのほか、明治や大正、昭和（戦前）の雑誌、新聞なども検索して複写することができます。

国会図書館というとちょっとハードルが高いイメージがありますが、所蔵数は日本最大。ぜひ一度、足を運んでみてはいかがでしょうか。

Column 3

国会で使われる裏キーワード②

【一丁目一番地（いっちょうめいちばんち）】

本来は土地の地番を表すものだが、転じて「原点」という意味合いで使用する。また、「基本方針」「出発点」という意味合いもあり、「行財政改革はわが党の一丁目一番地だ」などと使用する。


【タマ（たま）】

選挙の候補者の素質を評価するときに、「（アイツは）タマがいい」「タマが悪い」などと使う。


【骨抜き（ほねぬき）】

法律案や計画における肝心な部分が取り除かれ、見掛けだけのものになること。法律案などの原案を作成するのは官僚であり、巧みな言葉遣いによりその内容がゆがめられることもある。


【餅代（もちだい）】

党や派閥の幹部が所属議員に暮れの時期に配る活動資金のこと。現在ではかつての自民党のような派手なやりとりは行なわれなくなったようだが、かつては盆（夏）と暮れ（冬）の2回にわたって配られ、夏の分を「氷代」、冬の分を「餅代」と呼んでいた。その額は200万円になることもあったとか。


【桃太郎（ももたろう）】

選挙の際、候補者が、名前が書かれたのぼりを引っさげて、運動員などとともにねり歩くこと。昔話の桃太郎が猿、雉、犬を連れて鬼が島へ行くイメージから。

4章

国会議員という仕事

24

国会議員の一週間を教えて！

国会議員の生活

国会議員は日々、忙しく仕事をこなしています。立法や財政に携わるのはもちろんですが、ほかにはどんな仕事をしているのでしょうか？

勉強会、陳情などで忙しい国会議員

1章で少しご説明しましたが、ここではさらに国会議員の生活ぶりについて掘り下げてみることにしましょう。憲法に定められた、つまり「表向き」の国会議員の仕事には、どのようなものがあるのでしょうか？

おもには、法律案の議決や提出などの「立法」、予算案の議決や執行監視などの「財政」、首相の指名や条約の承認などをする「国権の最高機関としての意思決定」、各委員会などで予算や政策を審議する「委員会への出席」などが挙げられます。

では、国会議員のそのほかの仕事には、どのようなものが存在するのでしょうか。大まかにわけると、「勉強会への参加」、「所属政党の会議への出席」、「陳情への対応」などの仕事が彼らには待っています。

国会議員のおもな仕事

勉強会・会議

超党派の議員による政策勉強会や、議員連盟、所属政党が開く会議などに出席する。勉強会は朝8時から行なわれることも。

委員会

国会議員は少なくともいずれかの委員会に所属している。2つ掛け持ちすることも少なくない。

議員総会

衆参それぞれの本会議が開かれる前に各党の議員が集まり、議案について打ち合わせをする。採決がある本会議ならば、党としての賛否を確認する。

本会議

原則として本会議は、衆議院は火・木・金の午後1時から、参議院は月・水・金の午前10時から行なわれる。

陳情・懇親会

選挙区である地元から上京する自治体関係者らの陳情を受ける。夜に地元後援者らと会食することも。

勉強会は、所属政党だけではなく、超党派の議員たちのあいだで開かれるものも多く、だいたいが国会の日程と重ならない朝に行なわれることが少なくありません。常任委員会と同様に、法務、金融、外務などの分野別にわかれ、スキャンダラスな政治問題が起これば、それについての勉強会も開かれます。

なお、各党とも分野ごとに政策を検討する機関があり、「部会」ないし「部門会議」「PT（プロジェクトチーム）」「WT（ワーキングチーム）」などと呼ばれます。

議員総会では、国会の本会議が開かれる前に各党の議員たちが集まり、その日の議案についての意思疎通を図ります。採決が行なわれる日は、賛否を確認します。

議員自体は個々に活動しているように思えますが、政党政治の原則から、議員は党の決定に従わざるを得ません。国会が荒れるもとになる造反的行為は、通常ではあまり起こりません。

陳情を受けるのも、国会議員の日々の仕事の一つです。陳情者は永田町にある議員会館に議員を訪ねに行きますが、誰でも国会議員に会えるわけではなく、関係者などを通じてアポイントを取ってからでないと会えません。

ただし、議員への陳情は、その後、各省庁の官僚に回され、彼らが陳情者の話を聞くことも多いようです。陳情者はその議員の地元の有権者や支援団体、自治体であることも少なくないので、議員は体よく断ることもできず、各省庁へ話を聞くように求めるのです。官僚の仕事は、こうしてまた一つ増えていくのですね。

政界用語の「二階建て」って、何？

国会が休みになる週末、政治家は地元へ帰って、支援者らと会合を重ねます。衆議院議員の場合は、月曜に国会での仕事が入るケースは少ないので、遅くとも火曜の朝に東京へ戻ってくればよいわけです。地元が東京から遠く離れている場合は、月曜を移動日にあてる議員もいるようです。

金曜に地元へ着いた議員は、その足でお世話になっている後援者や呼ばれている行事に向かいます。土日祝日はイベントが重なり、分単位でスケジュールが組まれます。もし、週末に東京で予定がある場合は、地元へ帰ってからも東京に再び戻り、再度地元へ帰るということも多々あるといいます。下手をすると、東京での仕事ぶりよりも忙しいかもしれませんね。

なお、政治家が日常、国会を終えてから政治資金パーティーや支援者らとの会合などをハシゴすることを、政界用語で「二階建て」といいます。さらにハシゴするときは「三階建て」ともいうそうです。

25

議員にのみ与えられた「特権」とは？

国会議員の特権

国会議員には憲法によって保障されたさまざまな特権が存在します。なぜ、国会議員にはこのような特権が認められているのでしょうか？

国会会期中は逮捕されない「不逮捕特権」

国会議員が自身の汚職の疑いをメディアで報じられたとき、彼はきまってこういいます。「自らの進退は、自らが判断すべきです」。彼はこういって、国会議員の座にとどまり続けようとします。

なぜ、汚職の疑いが濃厚になっても、国会議員はすぐさま逮捕されないのでしょうか。それは、国会議員には「不逮捕特権」という権利が認められているためです。

これは、国会の会期中は、その所属する議院の許諾《きょだく》がなければ逮捕されないというもので、しかも、たとえ国会の会期前に逮捕されたとしても、所属議院の要求があれば、会期中は釈放しなければならないことになっています。捜査当局が逮捕許諾を請求するには、具体的な容疑事実を示す必要があり、手のうちをばらすことになるため、

25 議員にのみ与えられた「特権」とは？

国会議員の特権

歳費特権

国会議員は、国会議員歳費法に定められた範囲で、国庫から相当額の歳費（国会議員の給与）を受け取る権利がある。

免責特権

議院で行なった演説や討論など、発言については、院外でその責任を問われない。

不逮捕特権

国会会期中は逮捕されない。会期前に逮捕された場合は、議院の要求に従い、会期中は釈放される。

ちゅうちょすることもあるでしょう。

なぜこのような権利が憲法上認められているのかというと、たとえば政府（与党）が野党の力を削《そ》ぎたいときにあえて野党議員を逮捕に追い込み、国会を自らの側に有利なように進めさせないようにするためです。

近世のイギリスでは国王が絶対的な権力をもっていたため、反国王の議員が逮捕され、議会運営がうまく成り立たなかったことから、この特権が生まれたといいます。

現在の日本の国会でこのような「裏工作」が起こるとは思えませんが、国民の代表である議員の身分を保障するのは大切なことなのです。

ただし、痴漢や暴行など、国会の外

で犯した現行犯の場合は逮捕されます。これに関しては一般人と変わらないのですが、ただし、この場合にも議員には特権が認められていて、国会で審議中の場合は、議院の要求があれば警察は逮捕した議員を釈放しなければなりません。

院内の発言を守るための「免責特権」

もう一つ、議員に認められている特権が、「免責特権」です。これは、議員が議院において行なった演説や討論の発言などは、院外で責任を問われることはない、というものです。議院内における議員の自由な発言を守るためのものといえます。

これもイギリス議会が国王と戦うなかで獲得してきた権利で、名誉毀損《めいよきそん》(民事上の責任)や秘密漏洩《ろうえい》(刑事上の責任)などの罪に問われることはないということです。

ただし、これにも例外はあり、院外での同様の行為まで守られるわけではありませんし、議院内では懲罰の対象となることもあります。

議員がバッジを失うのは、逮捕されたあと、裁判で有罪となり、一定以上の刑が確定してからです(公職選挙法による)。国会の会期中に疑惑を指摘された国会議員が説明責任を果たさないまま、依然としてその職に就いているのには、身分が保障されている事情もあるのです。

26

選挙は政党から出た方が有利なの？

議員と政党

国会議員と政党の関係とはどのようなものなのでしょうか？　また、なぜ政党から選挙に出馬すると有利になるのでしょうか？

政党からもらう「公認」は必要か？

ジバン、カンバン、カバンの「三バン」をもつ世襲議員以外で政治家になりたいとしたら、どうすればよいでしょうか？

以前は、官僚や議員秘書、新聞記者、大学教授などが政治家に転身する姿がよく見られましたが、最近では新たに設けられた政治塾や一般公募によって政治家になることも少なくありません。

政治家になる人物の経歴が変化したのは、どの政党に一票を入れるか決めかねている「無党派層」を想定してのこと。よくないイメージの付いている政治家よりも、クリーンなイメージをもつ政治家を多く抱え込もうとするため、一般公募などによって政治家の卵を集めるようになったようです。

さて、それでは、政治家になりたい人は各党の公認を受けるべきなのでしょうか？

答えは、イエスです。

衆議院議員総選挙では、一九九六（平成八）年以来、小選挙区比例代表並立制が採用されていますが、それ以前は中選挙区制でした。これは、一つの選挙区から三～五人を選出する選挙制度で、たとえば自民党では、同じ選挙区に二人、三人の候補者を立てることも珍しくなかったため、各候補者は所属政党から集中的に支援を受けているとは言い難い状況でした。

ところが、小選挙区制になると、各選挙区からは一人しか当選しませんので、各党は候補者を一人しか立てず、その候補者のみを支援することになります。このとき、候補者が政党から公認を受けていないと、一銭も選挙資金をもらうことはできません。

これは候補者にとってみれば、とても大きなデメリットです。このことだけでも、候補者が政党から出馬しなければならない理由になり得ます。

無所属議員でいることのデメリット

しかも、政党の活動を助成する目的で一九九五（平成七）年に導入された「政党交付金」は、政党に所属していないともらえません。これもまた大きい収入源です。

政党交付金は、国民一人あたりの年間負担額を二五〇円として計算し、その総額が

政治資金の流れ

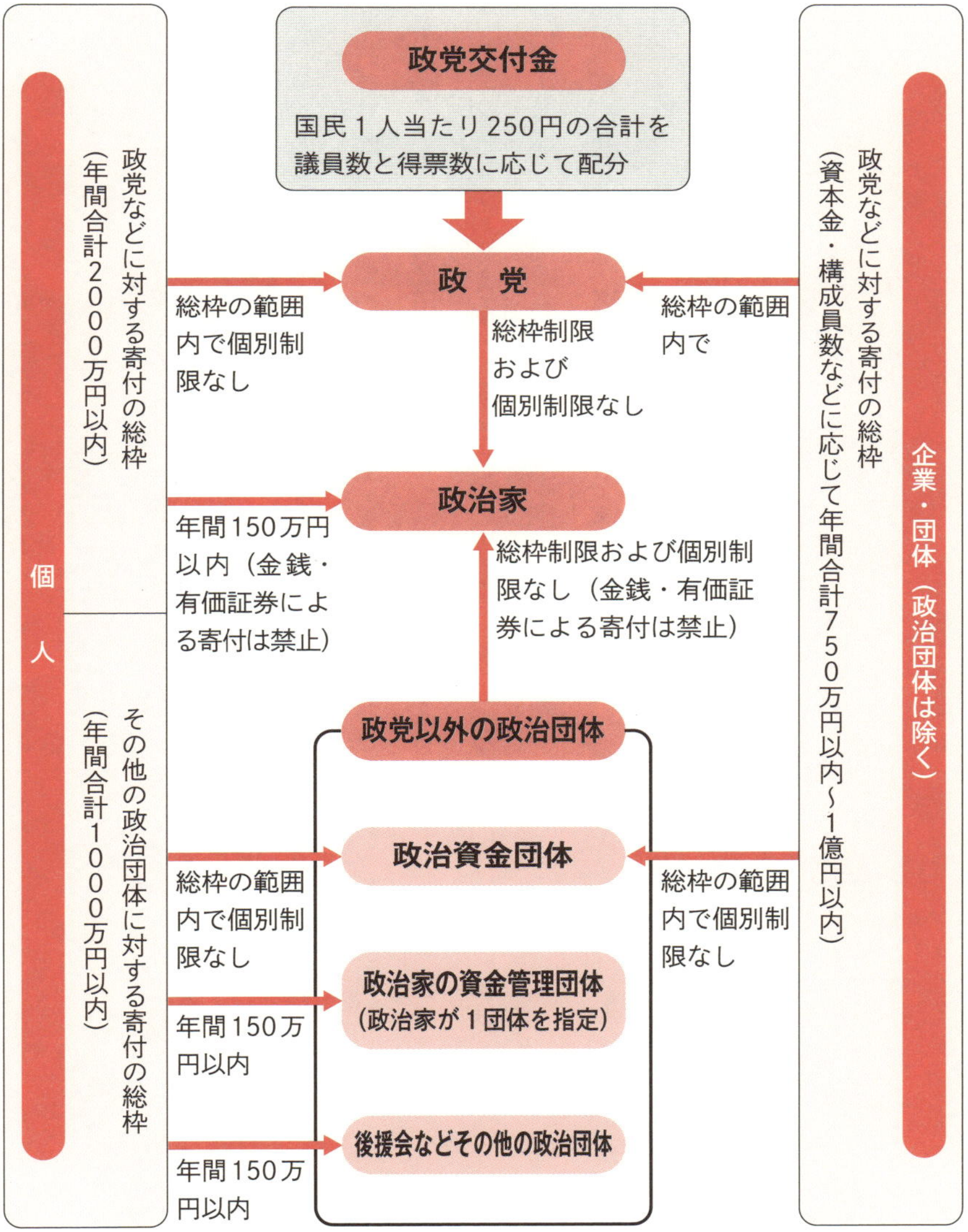
政党交付金
国民１人当たり250円の合計を
議員数と得票数に応じて配分
政　党
総枠制限
および
個別制限なし
政治家
総枠制限および個別制限なし（金銭・有価証券による寄付は禁止）
政党以外の政治団体
政治資金団体
政治家の資金管理団体
（政治家が１団体を指定）
後援会などその他の政治団体
個　人
政党などに対する寄付の総枠
（年間合計2000万円以内）
その他の政治団体に対する寄付の総枠
（年間合計1000万円以内）
総枠の範囲内で個別制限なし
年間150万円以内（金銭・有価証券による寄付は禁止）
総枠の範囲内で個別制限なし
年間150万円以内
年間150万円以内
企業・団体（政治団体は除く）
政党などに対する寄付の総枠
（資本金・構成員数などに応じて年間合計750万円以内〜1億円以内）
総枠の範囲内で
総枠の範囲内で個別制限なし

決まります（国民の総数は、直近の国勢調査による）。

総額は、各党の所属議員数や国政選挙の得票数などによって配分の割合が決定され、各党に配られています。

この二五〇円という金額については賛否両論あり、赤ちゃんであっても年間二五〇円を政党のために支払っていることになるわけです。

しかも政党交付金は、現職の議員だけでなく、党の公認が今後予定されている人であれば、落選中（浪人中）であっても党を通じてもらえるようです。おおむね、七〇〇～一〇〇〇万円が政治家の懐に入るといいます。

政党交付金がもらえない無所属議員の場合、選挙資金として得られるお金は、献金か政治資金パーティーによるものしか期待できません。

献金には個人献金と企業献金がありますが、現在では政治家個人が企業団体から直接献金を受け取ることはできず、必ず政党を通すことになっています。

無所属議員にとっては、煩雑《はんざつ》な資金管理を覚悟のうえでそのままでいるよりも、政党へ所属した方が、何かとメリットが多いといえるのです。

27
選挙運動でやっていいこと、悪いこと

公職選挙法

厳しい選挙戦を勝ち抜いて当選する国会議員。でも、やってはいけないことも少なくありません。その中身を見てみましょう。

いろいろとキビしい「公職選挙法」

選挙をするときには厳格なルールが定められています。これを「公職選挙法」といいます。

この法律によれば、選挙運動期間は候補者が立候補を届け出てから投票日の前日までで、衆議院選挙で一二日間、参議院選挙で一七日間にかぎられます。

つまり、議員や候補者は、投票依頼の街頭演説やビラ配り、ポスター貼りなどの選挙運動を常日頃から行なうことができないことになっているのです。

衆議院の候補者は、二週間に満たない日数で自分の主張を広く知ってもらわないといけないので、普段からの地道な政治活動が鍵を握っているといえるでしょう。

選挙運動に使えるお金の額も決められていて、衆議院（小選挙区）は一九一〇万円

＋有権者数×一五円、参議院（比例代表）は五二〇〇万円などとなっています。

選挙時にかかる支出には、選挙事務所の借り上げ料やポスターの印刷代、演説用の会場設営・看板費、宿泊費などがありますが、事務員や選挙カーのウグイス嬢にかかる経費もバカになりません。ウグイス嬢は、プロのほか、バスガイドやアナウンサーなどの経験をもつ女性も多いのですが、地方の立候補者のなかには声のよく通る知り合いにお願いするケースもあるようです。

日給の目安としては、事務員で一万円以内、ウグイス嬢で一万五〇〇〇円以内となっており、これ以上報酬を払うと公職選挙法違反となり、ウグイス嬢として働いてもらったとしても事前に届け出をしていない人に払ってはいけません。

選挙事務所での「飲食物の提供」も、厳密に定められています。かつては、選挙事務所を訪れた人に弁当やお酒を振る舞っていましたが、いまでは違反行為になりました。弁当やお酒はお金を配っているのと同じ、という理由からのようです。

ですから、選挙事務所で出していいのは、お茶かお茶菓子ぐらい。果物は、みかんなら大丈夫だそうです。なんだか、小学校の遠足みたいですね。

ただ、この公職選挙法は、改正して少し緩めた方がいいといわれることがあるほど厳格で、選挙時にアルバイトをしてくれた学生に報酬を払ったことで逮捕された議員もいます。

27 選挙運動でやっていいこと、悪いこと

これをすると公職選挙法違反に!

候補者が選挙運動のために有権者の家を戸別に訪ねる。
(→戸別訪問罪)

選挙違反をすると、当選が無効になったり、5年間は立候補や投票ができなくなったりする場合があるんだって!

決められた時間帯以外に、選挙カーや街頭で候補者の名前を連呼する。
(→連呼行為禁止違反罪)

候補者が故意に自分の職業や学歴、経歴などを偽って公表する。
(→虚偽事項公表罪)

投票所で本人確認をするときにウソの宣言をしたり、選挙人名簿にウソの内容で登録する。
(→詐偽登録虚偽宣言罪)

決められた選挙運動期間以外に選挙運動を行なう。
(→事前運動禁止違反罪)

教師などの教育者がその立場を利用し、生徒や保護者に対して選挙運動を行なう。
(→教育者の地位利用の選挙運動の禁止)

もちろん、法を犯したわけですから逮捕されてしかるべきなのですが、欧米と異なり、日本の選挙運動で候補者を支えてくれる純粋なボランティアはそうそういるものではありません。やはり、「雇わなければならない」のです。一説によると、選挙運動を手伝ってくれたアルバイトには、選挙後しばらく経ってからこっそりと払うこともあるそうです。

コソコソとやるよりも、法改正して学生アルバイトにも日給を払える仕組みにする方がよいとの意見もありますが、いかがでしょうか。

「ネット選挙」は解禁されるのか？

ここ一〇年ほど、選挙が近づいてくるたびに議論されたのが、「ネット選挙」についてです。これは、インターネットを用いた投票システムという投票方法をさすよりも、インターネットを用いた「選挙運動」についての議論と考えてください。

インターネットが普及したこの世の中にあって、各議員および候補者はそれぞれが自分のホームページやブログを立ち上げ、日々更新していますが、これまではそれらも選挙運動の一環とみなされ、選挙期間中はホームページやブログの更新は禁止されていました。公職選挙法で定められているのは、街頭演説や選挙カーによる宣伝などにかぎられていたわけです。

しかし、「インターネットを選挙ツールとして使えないのは時代にそぐわない」ということは、誰の目にも明らかです。

そこで、同法は改正され、二〇一三年七月の参議院通常選挙から、ホームページやブログの更新はもちろん、交流サイト「フェイスブック」や短文投稿サイト「ツイッター」の使用も認められることになりました。

アメリカの大統領選挙では、二〇〇四年からすでに解禁となっており、オバマ前大統領も自身のホームページにて少額の寄付を募るなどして選挙費用を捻出していました。

時代に合った選挙法を整えるのも、政治家の立派な役目といえるでしょう。

28

国会議員の給料って、実際はいくら？

国会議員の給与

もらいすぎと批判される国会議員の給料ですが、果たしてそれは本当なのか？いろいろともらえるお金について考えてみましょう。

議員の給料は、年間約二二〇〇万円

国会議員がもらえる月々の給料のことを「歳費《さいひ》」といいますが、さて、議員はいったいいくらくらいもらっているのでしょうか？

議員の歳費は「国会議員の歳費、旅費及び手当等に関する法律」によって定められており、期末手当（ボーナス）を含めた年額で計算すると、二一八七万八〇〇〇円が基本ベースです。

その他、国会議員には通信費・交通費として月に一〇〇万円（月に五〇万円を二度にわたって支給。一年で一二〇〇万円）が支給され、週末に地元へ戻るためのＪＲの無料パスや航空券の回数券などももらえます。後者は、毎週末に地元の選挙区へ帰ることから、四回分の回数券が基本のようです。

28 国会議員の給料って、実際はいくら？

国会議員の給料と待遇

歳費（給料）
国から支払われる議員1人あたりの歳費は、約2200万円（期末手当を含む）。

議員会館・議員宿舎の利用
議員会館内にある事務所は無料。また、議員宿舎は都内の一等地にあるにもかかわらず、格安の賃貸料。

立法事務費
議員1人あたり月に65万円（年額780万円）。議員提出法案作成のための調査費などに使われるお金。政党に所属している議員の場合は、政党に支払われる。

JRの無料パス、航空券クーポン
週末に地元へ戻るための交通費が無料に。たまに議員による無料パスの不正使用があり、問題となることがある。

政党交付金（政党助成金）
日本の人口に250円を掛けた金額（約315億円）が、政党に所属する国会議員数などによって配分される。ただし、議員個人に支払われるわけではなく、政党に入る。

税金から、1人の国会議員に年間約1億円以上が支払われている計算になるんだって！

通信費・交通費
月額100万円なので、これだけでも年間1200万円に達する。

公設秘書の給料
公設秘書2人分、政策秘書1人分の給料は国庫による負担。一般的に、秘書にかかるお金は合計で2000万円以上。

国会の開会中は、議長や副議長、常任・特別委員会長などは、六〇〇〇円の日給も出ています。

議長や委員長の仕事は、普段の議員としての仕事とは別といった感覚なのでしょうが、やや納得できかねるものではあります。

格安で借りられる議員宿舎

あれこれ出費が多い国会議員には、これらのほかにもいろいろとお金が税金から出されています。

永田町にある議員会館内の事務所が無料というのはわかりますが、何かと批判の対象になるのが議員宿舎です。

これは、地方出身の議員のための、いわば「寮」のようなもの。原則、東京二三区内に自宅をもっている議員は利用することができません。

衆議院の議員宿舎は赤坂と青山にあり、参議院は紀尾井町と麹町にあります。広さはだいたい3LDKで、家賃は新赤坂宿舎で九万円ほどと、超格安です（一般的な相場では四〇〜五〇万円）。

さらに、議員宿舎においては、本来は議員のための宿舎であるにもかかわらず、愛人を住まわせたり、家族以外の女性にカードキーを渡したりしていたこともあり、議員のモラルも問題になったことがあります。

ただし、議員の側に立てば、二〇〇〇万円近い歳費と一〇〇〇万円以上の雑収入があるとはいえ、公設秘書以外にも私設秘書を雇ったり、地元に設けている事務所の維持費などに、もの凄くお金がかかります。選挙ともなれば数千万円のお金が飛んでいきます。

金融機関からお金を借りている議員も少なくないそうで、落選した途端、返済に困る人もいるようです。

29

政治資金パーティーや後援会は何のためにあるの？

パーティーと後援会

国会議員のおもな収入源の一つが政治資金パーティーです。どのような規定のもと、パーティーは運営されているのでしょうか。

政治資金パーティーではいくら稼げる？

政治家にとって、大きな収入源の一つがパーティーを開くことです。これは「政治資金パーティー」と呼ばれますが、一般的には「〇〇君を励ます会」などの名称で開催されています。誰がはじめたかは定かではありませんが、政治資金を集めるうまい仕組みを考えたものです。

ただ、このパーティーは政治資金規正法第八条の二にも規定されている、合法的なもの。開催するにはさまざまな縛りがあり、パーティーを開く予定の政治団体は、収入や支出を政治資金収支報告書に記し、総務省や都道府県選挙管理委員会へ提出しなければなりません。

また、パーティーの総収入が一〇〇〇万円を超える場合は「特定パーティー」と見

特定パーティー収入ランキング（2018年分）

順位	政治団体名	収入
1	志公会（自民党麻生派）	2億6144万円
2	志帥会（自民党二階派）	2億1745万円
3	清和政策研究会（自民党細田派）	2億802万円
4	宏池政策研究会（自民党岸田派）	1億7322万円
5	平成研究会（自民党竹下派）	1億4414万円
6	21世紀政策研究会（鈴木宗男）	1億2443万円
7	秀成会（大村秀章）	1億1430万円
8	新風会（遠藤利明）	9443万円
9	宮崎雅夫後援会（宮崎雅夫）	9363万円
10	新政治経済研究会（岸田文雄）	8716万円

（注）千円単位を四捨五入。収入1000万円以上の特定パーティーの集計。一部に2017年開催分を含む。麻生派は前年は為公会。複数開催のものは総計。敬称略。　（出典：時事通信社）

なされ、二〇万円以上を払った人については同報告書に記載しなければなりません。また、同一の人に一五〇万円以上の負担をさせてはいけないことになっています。ダーティーなイメージが付きまとう政治資金パーティーも、実はクリーンに行なわれているといっていいでしょう。

では、なぜ政治家はこのパーティーを開くのか？　それは、一度にたくさん稼ぐことができるからです。たとえば、パーティー券が一枚二万円とすると、一〇〇〇人にさばければ、それだけで二〇〇〇万円の収入になります。一枚三万円なら三〇〇〇万円です。

現在、議員個人や議員の資金管理団体に企業・団体が献金することはできないことになっていますが、パーティー券を企業・団体に購入してもらうのは合法です。もちろん、その政治家を応援している個人でもパーティー券を購入することは可能ですが、企業・団体は一度に何百枚もさばける「お得意先」といえるでしょう。

パーティーは国会から近いホテルニューオータニやANAインターコンチネンタル東京などで開かれ、バイキング形式の立食が主流です。これは、飲食物代を極力抑えるための工夫で、用意される料理も来場予定の人数の六割程度といいます（ケチな場合は、四～五割の人数分のことも）。ですから、パーティーに遅れて行くと、食べるものがほとんど残っていないというケースもあるそうです。

一枚二万円といっても、会場使用料や飲食物代、帰りのお土産代などを差し引いた分を政治資金にしなければなりませんので、豪勢に料理を振る舞って赤字にするわけにはいかないのです。議員個人のパーティーでは、一度の開催で一〇〇〇万円を超える利益を上げるのはそう簡単ではないようです。

政治家をバックアップする後援会

一方、政治家を陰で支えるグループが「後援会」です。後援会は基本的には任意の

29 政治資金パーティーや後援会は何のためにあるの？

団体ですが、政治家が資金の管理団体として指定した場合は、都道府県などの選挙管理委員会に政治団体として届け出なければなりません。お金のやりとりをするようになって、はじめて規制される対象となるわけです。

後援会は「金集め」をするためのものと「票集め」のためのものの、二つのタイプにわかれます。選挙の際におもに役立つのは、やはり後者となります。

一般的には自身の選挙区内の自治会や業界団体、同窓会、ＰＴＡなどから、何名か核となる人物を見つけ、彼らを中心として人集めをしていきます。

先述した政治資金パーティーの券も、この後援会を主体にして売りさばかれていきます。

また、国会見学会やバーベキュー大会を定期的に開くなどして人の輪を広げていき、後援会の会員を増やしていきます。

そんな任意の団体という面もあるためか、「後援会をつくりませんか？」と地方選出の議員にもちかけてくるアヤシい輩《やから》が出没することもあるようです。地方議員は東京都内に後援会をもつことが目標の一つですので、誘いに乗りやすいのかもしれません。

30

派閥に入らないと議員活動がしづらい？

政党の派閥

政権を民主党に奪われる前の自民党は「派閥政治」といわれていました。現在でもそれは行なわれているのでしょうか？

自民党では派閥が復権の兆し!?

議員の私的な集まりを「派閥《はばつ》」といいます。かつては自民党の「お家芸」として有名で、ニュースや新聞などでたびたび耳にしてきました。

ですが、二〇〇九（平成二一）年の衆議院総選挙で自民党が大敗し、野に下ったことなどから、それまでのような大きな勢力をもつ派閥は影を潜め、それほどニュースのネタになることもなくなりました。

民主党では派閥と呼ばず、「グループ」と称していたことも、派閥という概念が鳴りを潜めた要因の一つです。

ところが、二〇一二（平成二四）年一二月の衆議院総選挙で自民党が二九四議席を獲得して以降、またもや「派閥復活」の兆《きざ》しが見られます。

派閥に入らないと議員活動がしづらい？

なぜ派閥が復活してきたのか？　それは、多くの新人議員がこの選挙で当選したからにほかなりません。町村派、額賀《ぬかが》派、岸田派、麻生派など、従来あった派閥が新人議員の囲い込みに奔走《ほんそう》するようになったため、結果的にかつての派閥のようなグループを形成するようになったといえます。二〇二三（令和五）年四月現在の自民党内の最大派閥は安倍（旧細田）派で、九六人の議員を抱えています。

石破茂《いしばしげる》氏は「脱派閥」を掲げていましたが、その後、勉強会という名のグループを立ち上げ、一時期は一九人の石破派を形成していました（二〇二一年、派閥解消）。「人が三人集まれば派閥ができる」といわれますが、自民党の勢力が増したばっかりに、派閥としての活動が再び活発になりました。

自民党最大の権力闘争「角福戦争」

では、ここで自民党の派閥の流れについて説明しましょう。

なぜ自民党では派閥が乱立し、それぞれが勢力をもっていたのでしょうか？　それには、中選挙区制という選挙制度が大きく関わっています。この選挙制度は、一つの選挙区から三～五人の当選者が出る仕組みですが、そうなると、候補者は資金や支持者の開拓などで、党内のいずれかの派閥に頼ることになります。選挙にはもの凄くお金がかかりますからね。

自民党各派の勢力

（2023年4月現在）

安倍派
[空席]
96人
茂木派
（茂木敏充）
54人
麻生派
（麻生太郎）
54人
岸田派
（岸田文雄）
45人
二階派
（二階俊博）
42人
森山派
（森山裕）
7人

安倍氏の出身派閥は細田派。この派閥の正式名称は「清和《せいわ》政策研究会」といって、以前は町村派と呼ばれていたよ。

派閥に入らないと議員活動がしづらい？

一方、各派閥は、基本的にその派閥のトップを党の総裁、ひいては首相に就かせるという目標もありますので、選挙で頼ってきた候補者の面倒を見る代わりに、トップを総裁・首相の座に就かせるために頑張ってもらうという側面もあるわけです。

その派閥どうしの争いでもっとも激しかったのが、一九七〇年代に繰り広げられた「角福《かくふく》戦争」でした。これは、佐藤栄作首相の後継争いにおいて起こった権力闘争で、田中角栄、福田赳《たけ》夫《お》、大平正芳、三木武夫の四人が争い、なかでも田中対福田の争いが激しかったことから名付けられたものです。

結局、角福戦争に勝利したのは田中角栄でしたが、争いの火種はその後も燻《くすぶ》り続け、かつて福田派に所属していた小泉純一郎氏による構造改革は、田中派の流れをくむ旧橋本派の利権とされた道路や郵政にメスを入れたという意味では、「田中派つぶし」ともいえるでしょう。

選挙制度が中選挙区制から小選挙区比例代表並立制へと移行したことにより、いままでのように、同じ党から複数の候補者を立てることはできなくなりましたので、派閥間での争いは鳴りを潜め、さらに小泉純一郎氏の首相就任とともに、派閥を無視した人事を断行したことで、派閥の存在はますます低下しました。

また、政治資金規正法がさらに厳しくなったことにより、派閥の領袖《りょうしゅう》（ドン）に資金がいままでのように入ってこなくなったことで、派閥の意味がさらになくなってきたのでした。

　では、派閥に「よい面」はないのか？　自民党の政治家（とくにベテラン議員）の発言としてよく聞かれるのが、「新人議員を教育するのは派閥の役目」という意見です。たしかに、右も左もわからない新人議員は、先輩に教えを乞《こ》わなければ、一人前の政治家になることはできません。自民党が政権に返り咲いた二〇一二年衆院選の初当選組に不祥事が相次いだことから、「魔の三回生」と揶揄《やゆ》されるほどです。

　政治のルールや礼儀を教えてくれるのが派閥だという意見もよくわかりますが、先述のような、政局の道具にされてしまっては元も子もありません。

　わたしたち有権者が、それらを注意深く見守っていく必要があるでしょう。

31

「世襲議員」がこんなにも増えた理由とは？

世襲議員

安倍晋三氏や小泉進次郎氏は「世襲議員」と呼ばれますが、なぜ現在の政治家には世襲議員が多くなったのでしょうか？

「ジバン」「カンバン」「カバン」って、何？

現在の内閣総理大臣、安倍晋三氏の父親は安倍晋太郎という政治家で、元総理大臣の岸信介《のぶすけ》の娘婿でした。つまり、現首相の安倍氏は、岸元首相の孫ということになります。

また現在、自民党の若手のなかではズバ抜けて注目度の高い小泉進次郎氏は、小泉純一郎元首相の次男ですが、実は純一郎氏の父・小泉純也も衆議院議員で、防衛庁長官まで登り詰めた人物です。さらに、純也の父（進次郎氏にとっては曾祖父）・小泉又次郎も逓信《ていしん》大臣や衆議院議長を歴任した政治家でした。つまり、これから考えると、小泉進次郎氏は「四世議員」ということになります。

さて、現在の議員のなかには、安倍氏や小泉氏のほかにも、数多くの「世襲議員」

おもな世襲議員

母方の祖父は岸信介（元首相）、父は安倍晋太郎。大叔父には元首相の佐藤栄作がいる。実弟の岸信夫（旧姓は安倍）も元政治家。2022年７月、死去。

曾祖父・小泉又次郎、祖父・小泉純也、父・小泉純一郎ともに政治家。2009年の衆議院総選挙にて初当選。環境相として活躍し、「自民党のホープ」と称される。

母方の祖父は吉田茂（元首相）、父は麻生太賀吉。大学卒業後、麻生セメントの社長、日本青年会議所の会頭などを経て衆議院議員に。祖母（吉田茂の妻・雪子）が大久保利通の孫にあたる。

父は渡辺美智雄（副総理、外務大臣、大蔵大臣などを歴任）。1983年より父の政策秘書となり、96年、自民党公認で出馬し初当選（父・美智雄は95年に死去）。2022年６月、政界引退を表明。

父の小沢佐重喜は政治家・弁護士で、吉田茂の側近の一人であった。1969年、父の急死にともない衆院選に出馬し、初当選。いままで所属した政党は自民党、新生党、新進党、民主党、国民の生活が第一、日本未来の党、生活の党、生活の党と山本太郎となかまたち、自由党。

祖父・岸田正記、父・岸田文武ともに衆議院議員。外務大臣、政調会長などを歴任し、現職は自民党総裁・首相。政界屈指の酒豪として知られ、党青年局時代に台湾を訪れたとき、酒が苦手な安倍氏に代わり、台湾要人の乾杯に応え続けたエピソードは有名。

31 「世襲議員」がこんなにも増えた理由とは？

がいます。なぜこんなにも、「二世議員」や「三世議員」が増えてしまったのでしょうか？

その答えは、政治家が選挙で当選するために必要な「三バン」にあります。

つまり、「ジバン」「カンバン」「カバン」のことです。

「ジバン」とは「地盤」のこと。かつて、日本の政党は組織力が弱く、政治家は個人で後援会をつくり、選挙対策をしなければなりませんでした。しかし、後援会をつくり、ひとたびそれが機能しはじめれば、集票力は持続できますし、それを構築するのに費やしてきた努力をやすやすと手放すのは惜しい気がしてきます。

そこで、息子や親族にその後援会を継がせることが多くなってきたのです。

「カンバン」は「看板」、つまり選挙候補者の知名度のこと。これもまた、ジバンと同様、親が政治家であれば、知名度はすでに確立されていますから、息子が親の跡を継いで出るとしても、知名度はバツグンです。

そして、「カバン」。この「鞄」とは政界用語の「資金」のことです。お金が鞄にぎっしりと入っているというイメージでしょうか。

たしかに選挙には何かとお金がかかります。世襲議員でない政治家がはじめて選挙に出る際に用意したお金が五〇〇〇万円だったという話も聞かれますが、選挙事務所を立ち上げたり、「供託金《きょうたくきん》」といって、選挙に出る際には衆議院選挙の小選挙区の場合は三〇〇万円を用意しなければなりません（供託金は、一定の得票数に達しない場合は没収）。

世襲議員には、これらの要素がはじめから備わっている場合が多いので、選挙に当選しやすく、また当選回数を重ねることも可能になるのです。

世襲議員を生み出す個人後援会

ただ、世襲議員が増えた理由は、政治家自身の側だけにあるわけではありません。それには、地元の側、ひいては個人後援会の側にも「思惑」があります。

というのも、個人後援会は政党の組織ではありませんので、神輿《みこし》に担いだ政治家が引退してしまうと、それまでに手に入れてきた政治力を失うことになります。そこで、引退予定の政治家の子どもや親族を後継候補者に据え、政治への影響力を維持しようという狙いもあるのです。

この、政治家自身と個人後援会の働きかけがあいまって、世襲議員が多く生まれることになったといえます。

32

なぜ「族議員」になってしまうのか？

族議員

いっときよく耳にした「族議員」。この言葉には悪いイメージがつきまといますが、実は政治的にはよい面もあるのです。

族議員の「エリートコース」って？

現在、与党は自民党と公明党ですが、民主党に政権を奪われる前の自民党政権時代、ニュースや記事などでよく目にしたのが「族議員」という言葉でした。

族議員とは、一言でいえば、「専門分野に精通している議員（または議員グループ）」といっていいでしょう。

国会の常任委員会が各省庁に対応して置かれているのは先述の通りですが、議員は各委員会のどれか一つ以上に必ず参加しなければなりません。

また、自民党議員の場合、これまた各委員会と対応した党内の政務調査会の部会にも参加しています。たとえば、農林水産委員会に対応するのは「農林部会」と「水産部会」で、国土交通委員会には「国土交通部会」、厚生労働委員会には「厚生労働部会」というような感じです。

おもな族議員には、「運輸族」（国土交通省）、文教族（文部科学省）、建設族・道路族（国土交通省）、国防族（防衛省）、農林族・水産族（農林水産省）、商工族（経済産業省）、厚生族・社労族（厚生労働省）、郵政族（総務省）、大蔵族（財務省）などがあります。

各議員は、自分がそれまで培《つちか》ってきた専門分野や関心のある分野の委員会や部会に所属し、さらに政策通になるべく、勉強していきます。

そして、当選回数を重ねていくと、関連省庁の政務官や副大臣（当選回数は二～四回。以下同）→部会長（四～五回）→閣僚（六回前後）とステップアップしていきます。これは自民党の族議員の典型的なエリートコースの流れです。

当然、長年同じ分野の政策に携わっていますので、関係団体・業界の人びとと仲良くなってきます。

関係団体・業界の人びとは、自分の会社や業界に有利になるような認可・規制緩和などを求めて働きかけていきます。

また、族議員の方も、彼らの集票力や政治資金に期待することになるので、お互いの「利益」に適《かな》った関係性がここに築かれたといえるでしょう。それが癒着《ゆちゃく》の極みを迎えると、汚職事件に発展するわけです。

ニュースなどで族議員という言葉が盛んに取り上げられるのは、このような構造が

32 なぜ「族議員」になってしまうのか？

「政官財」鉄のトライアングル

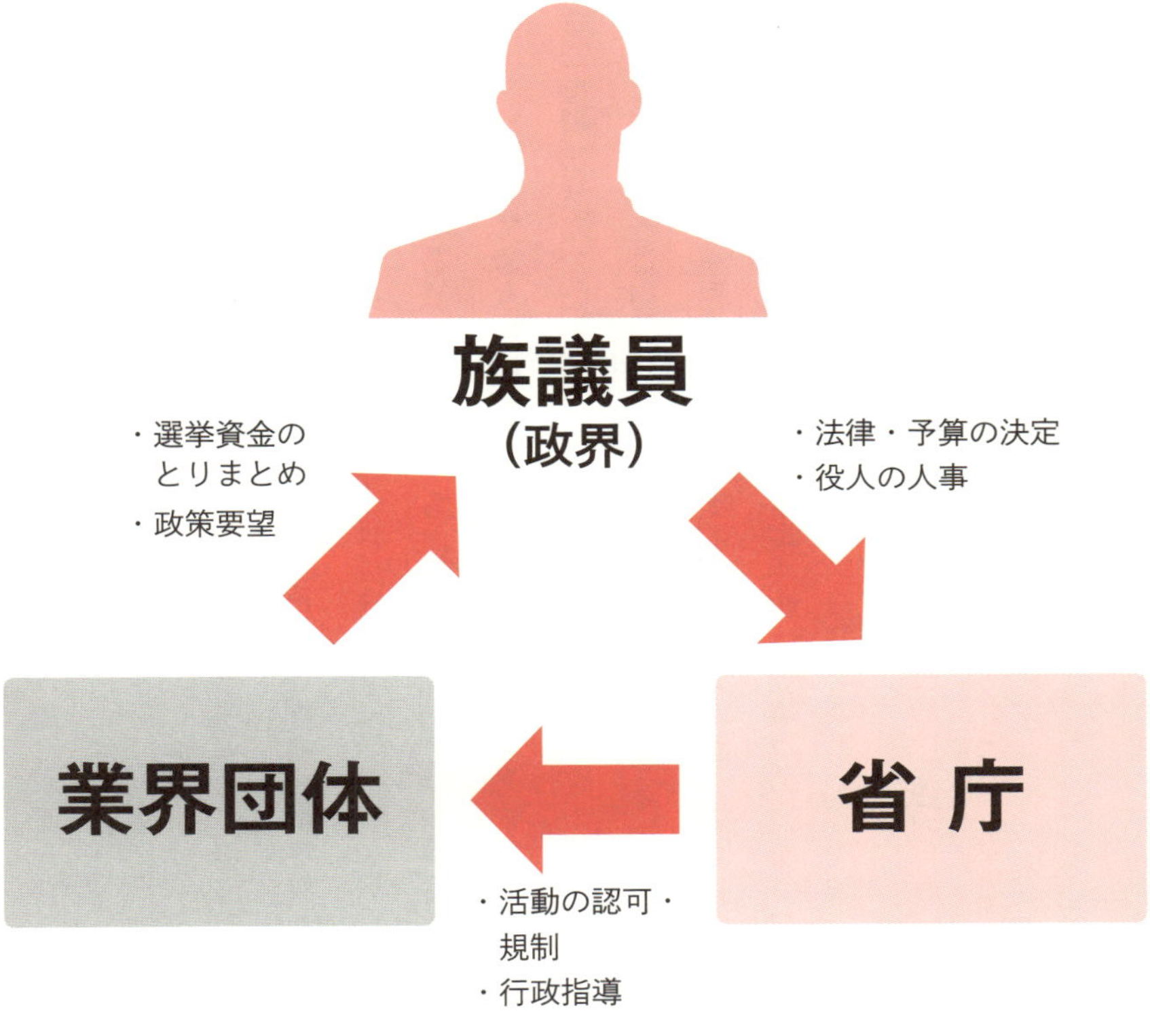

おもな族議員（カッコ内は該当する省庁名）

運輸族（国土交通省）
建設族・道路族（国土交通省）
農林族・水産族（農林水産省）
厚生族・社労族（厚生労働省）
大蔵族（財務省）
文教族（文部科学省）
国防族（防衛省）
商工族（経済産業省）
郵政族（総務省）

あったからなのです。

族議員も見方を変えれば……

そこで、民主党は政権交代するや、「政策決定の一元化」をうたい、党内の「政策調査会」という、自民党の政務調査会に相当する機関をなくしました。

これで与党（当時）には表面上は族議員が生まれにくい仕組みができあがったわけですが、今度は閣僚や副大臣たちが各省の意見を代弁するようになり、また、政策にまったく関与できない議員からの不満が溜まってしまい、結局政務調査会を復活させざるを得ませんでした。

そして、現在は自民党が政権を握り、以前のように各部会の活動が行なわれています。いまは官邸主導の経済財政諮問《しもん》会議が置かれ、予算編成の方針がある程度決められていますので、以前のように政策決定に族議員の力が反映されているわけではありません。

ですが、見方をもとに戻せば、族議員とは専門分野に精通している議員なのですから、いわば政策のプロフェッショナルです。官僚とも常日頃から意思疎通を繰り返しているでしょうから、「政治主導」がさけばれている昨今では、各省の代弁者にならないよう、交渉に長《た》けた族議員こそ重要な存在といえるでしょう。

32 なぜ「族議員」になってしまうのか？

若くて未知なイメージの民主党は期待を集めましたが、やはり各議員の経験不足は否めず、官僚をうまく使いこなすこともできませんでした。

国益をまず第一に考える、広い視野をもった新しいタイプの族議員が増えることを願わずにはいられません。

Column 4

国会議員の秘書はどんな仕事をしているの?

秘書は国会議員の政治活動を支える役目を担いますが、毎日どのような仕事をしているのでしょうか？

国会議員の秘書は公設秘書（政策秘書・第１秘書・第２秘書の計３人）と私設秘書の２つに大きくわかれます。公設秘書は国が給料を払うもので、とくに政策秘書は、毎年１回国によって実施される「政策担当秘書資格試験」に合格するか、公設秘書としての経験が10年以上ある人などが就くことができます。第１・第２秘書は、議員の承諾があれば誰でもなることができます。

私設秘書は文字通り、議員個人が雇う秘書で、仕事の形態や待遇もさまざま。電話番をするのがおもな仕事ということもあります。

秘書の仕事としては、議員のスケジュール管理をしたり、政策立案を補佐したりしますが、政策秘書であっても車の運転や資金集めに奔走することもしばしば。また、議員が忙しいときは、議員の代わりに党の各部会に代理出席することもありますし、地元からきた陳情団への対応や、支持者の国会議事堂見学の案内などをこなすことも。ですから、議員同様、秘書も勉強は欠かせません。

かつて、議員の政治資金団体に何か問題が起こると、「それは秘書のやったことだから……」と言い訳をする国会議員が少なくありませんでした。いわば、議員と秘書とは一蓮托生《いちれんたくしょう》ですから、議員もこのような言葉で自分の身を守ろうとするのかもしれません。

ただし、将来政治家を目指す人にとってみれば、政治を間近で体験できる秘書という仕事は、またとない好機です。秘書として勉強しながら、政治家を夢見ている人も少なくないようです。

5章

官僚・官庁のキモチを覗いてみた！

33

官僚って、どんな人たちなの？

官僚の定義

国の行く末を陰で支える官僚たち。でも、いったい「官僚」ってどのような人たちのことをいうのでしょうか？

「官僚」という言葉に明確な定義はない!?

民主党政権時代、「脱官僚」を掲げていわば排除の姿勢を見せたことから、一般に広く注目を浴びた、官僚たち。一口に「官僚」といいますが、実はこの名称は慣例的な呼び方で、決まった定義があるわけではありません。

広い意味では、「国家試験によって採用された公務員」ということになりますが、政治家から目の敵《かたき》にされているような官僚をあえて定義すれば、「中央省庁に属する、政策決定に影響力をもつ幹部公務員」といえます。

国家公務員制度改革基本法により、二〇一二（平成二四）年度から国家公務員試験が抜本的に見直されたため、この制度から考えると「総合職試験に合格して採用された国家公務員」となります。

事務次官への出世コース

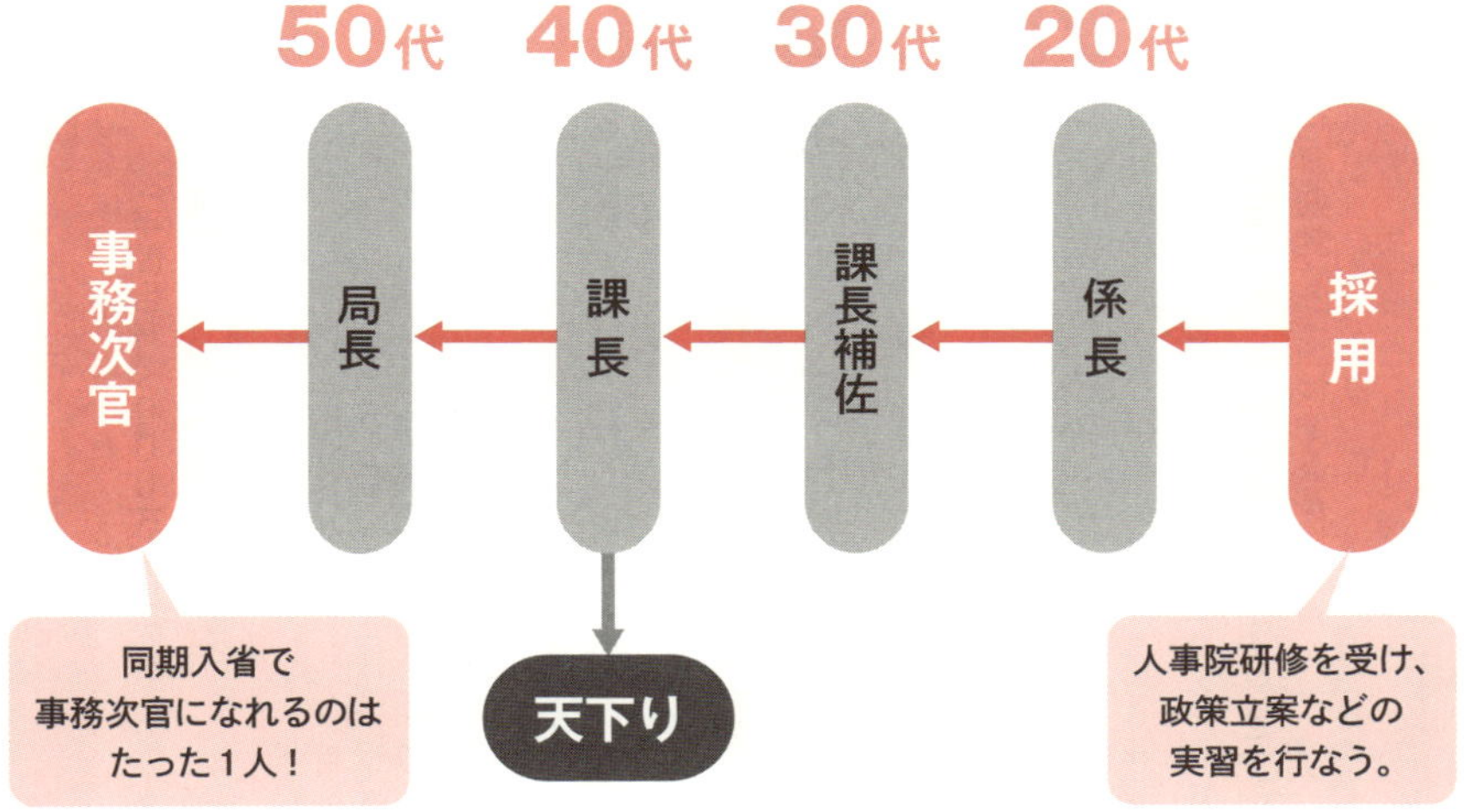
50代
40代
30代
20代
採用
係長
課長補佐
課長
局長
事務次官
天下り
人事院研修を受け、政策立案などの実習を行なう。
同期入省で事務次官になれるのはたった１人！

総合職試験は、それまでは国家公務員Ⅰ種試験と呼ばれ、この超難関の試験を通過して中央省庁に採用された人がいわゆる「官僚」となる道を歩むことができるわけです。

官僚としての出世コースは、二〇代で係長、三〇代で課長補佐、四〇代で課長、五〇代で審議官・部長から局長、そして、最終的なゴールは事務次官です。

官僚も公務員ですから、年功序列で徐々に重職に就くようになりますが、ゴールの事務次官のポストは一席のみ。つまり、官僚はこの事務次官の一席を同期と争う出世競争を勝ち抜かなければならないのです。

では、これより、彼らの内実に迫ってみることにしましょう。

34

日本の官僚のはじまりとは？

官僚の歴史

官僚になる人の多くが東京大学出身者ですが、その起源はどこにあるのでしょうか？　また、戦前の官僚は誰のために働いていたのでしょうか？

官僚のルーツは、明治時代の官吏にあり

現在の官僚の直接のルーツは、明治時代にさかのぼります。明治維新直後は、幕末の流れにより、薩摩《さつま》藩や長州《ちょうしゅう》藩の藩士が公務員の地位に就いていましたが、帝国大学が各地に建てられたことにより、人材が育っていきます。

なかでも、「エリート」を多く輩出したのが東京帝国大学法科で、そこを卒業した学生は、大蔵省や内務省、農商務省などへ進み、日本を列強に負けない国家とすべく日夜働きました。公開試験による官吏《かんり》（その後の官僚）の採用がはじまったのは一八九三（明治二六）年に文官任用令と文官試験規則が定められて以降のことです。

もちろん、官吏にもいわゆる階級があり、親任官《しんにんかん》、勅任官《ちょくにんかん》、奏任官《そうにんかん》を「高等文官」、その下の判任官《はんにんかん》を「普通文官」と呼びました。前者の高等文官の試験は、現在でいう

34 日本の官僚のはじまりとは？

東京帝国大学（東京都文京区）の正門。「東京帝国大学」とは、現在の東京大学の1897年から1947年までの名称（1927年11月撮影）。

ところの総合職試験（かつての採用I種試験）にあたり、これに合格し、各省に採用されれば、エリートの道を歩むことができます。

ただし、戦前の大日本帝国憲法にあっては、官吏が忠誠を誓う対象となるのは天皇であって、現在の日本国憲法のように国民ではありませんでした。つまり、「天皇の官吏」であったわけです。

戦後、日本国憲法が制定されたことにより、官僚（かつての官吏）を含む公務員は「国民全体の奉仕者」として位置付けられました。公務員という言葉は、戦後、英語の「civil service」を訳して生まれたものという説があります。

35

「キャリア」と「ノンキャリア」って？

官僚の昇進

官僚を「キャリア」と「ノンキャリア」でわけることがしばしばありますが、どういった基準でわかれているのでしょうか？

採用試験の段階で、その後の出世が決まっている!?

官僚の階級を語るとき、「キャリア」と「ノンキャリア」という表現が使われることがありますが、これにはいったい、どんな違いがあるのでしょうか？

現在、国家公務員の採用試験は、「総合職試験」「一般職試験」「専門職試験」「経験者採用試験」にわかれていますが、このうち、総合職試験に合格し、中央省庁の本省（内局）に採用された人が、「キャリア」と呼ばれる官僚です。

この試験は、二〇一一（平成二三）年度までは、Ⅰ種、Ⅱ種、Ⅲ種にわかれていました。Ⅰ種は「大学卒業段階の知識・技術およびその応用能力をもつ者」、Ⅱ種は「大学卒業程度」、Ⅲ種は「高校卒業程度」となっており、当然ながらⅠ種の試験が大変難しく、そのレベルは超難関。二〇一一年度の合格率はおよそ五パーセントでした。

35「キャリア」と「ノンキャリア」って？

キャリアとノンキャリア

キャリア

総合職（2011 年度以前は国家公務員採用Ⅰ種）試験合格者で、本庁に採用され、主として政策の企画立案などの仕事に従事する人。

↓

事務次官レースに敗れた人は、50 歳前後で官庁から順次退職する。

ノンキャリア

一般職（2011 年度以前は国家公務員採用Ⅱ種Ⅲ種）試験合格者で、主として事務処理などの定型的な仕事に従事する人。

↓

原則として 60 歳で定年退職する。

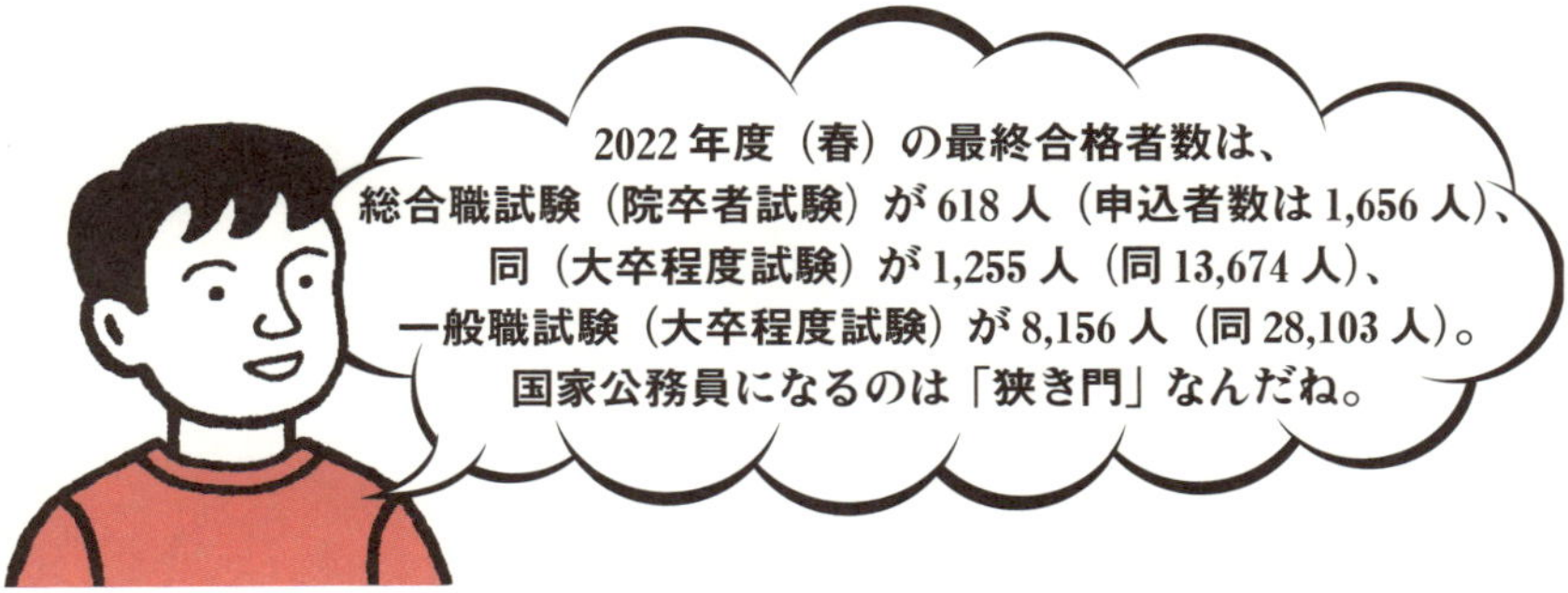
2022 年度（春）の最終合格者数は、
総合職試験（院卒者試験）が 618 人（申込者数は 1,656 人）、
同（大卒程度試験）が 1,255 人（同 13,674 人）、
一般職試験（大卒程度試験）が 8,156 人（同 28,103 人）。
国家公務員になるのは「狭き門」なんだね。

合格者のほとんどは東京大学や難関国立大学の出身者で、エリートならば大学在学中に試験に合格し、卒業と同時に各省へ勤めはじめます。

総合職（かつてのⅠ種）の採用者は「事務官」と「技官」にわかれています。事務官は、法律や予算などを担当し、技官は農学や医学、建設などの分野を担当します。後者はいわば専門知識が必要な仕事ということになります。

ですが、一般的に「キャリア官僚」と呼ぶ場合は、前者の事務官のことを指します。後者と異なり、専門知識をもつわけではありませんので、入省後は省内をあちこち短期間で異動しながら知識を身に付けていくのです。

たとえ、どんなに仕事ができなくとも、課長補佐か課長までは昇進できます。

一方、一般職（かつてのⅡ種Ⅲ種）の採用者は「ノンキャリア」と呼ばれ、どんなに優秀であれ、どんなに頑張っても、本省の課長より重要なポストに昇進することはあまりありません。課長になるのでさえ、一苦労といいます。国家公務員採用試験の段階で、すでに線引きがなされているわけですね。

なお、二〇一二年からの新たな採用試験では、総合職試験に、大学院の修了者を対象とした「院卒者試験」や、政策の企画立案能力およびプレゼンテーション能力を検証する「政策課題討議試験」が導入（院卒者試験と大卒程度試験〈教養区分〉における）されています。知識だけで判断するのではなく、論理的な思考能力や応用能力がより問われる試験内容に変更されたわけです。

「居酒屋タクシー事件」の真相とは？

キャリアとノンキャリアとの関わりでいうと、二〇〇八（平成二〇）年に起こった「居酒屋タクシー事件」が記憶に新しいところです。

これは、ノンキャリアの人たちが深夜の残業後、タクシーで帰宅するときに車内で缶ビールの接待を受けていたというものですが、逆にいえば、彼らノンキャリア組はそんな時間まで仕事をしなければならないほど忙しいといえます。

キャリア組、つまり課長より上の役職の人たちは夜遅くまで省庁にいることはありませんので、深夜まで仕事をしているのはノンキャリア組か、課長以下のキャリア組ということになります。

金曜の夜、仕事が終わらない彼らは、土曜の始発で帰宅することが大半だそうで、始発の霞ケ関駅には彼らの姿が多く見られるといいます。

このことからも、キャリアとノンキャリアの生活の違いが垣間見えますね。採用時の試験で将来が決まってしまうというのも、酷なものです。

36

国家公務員の給料は高いか安いか？

国家公務員の給与

難関試験を勝ち抜いて、ようやく就くことができる「国家公務員」。彼らの給料が高いといわれる要因とは？

国家公務員はやっぱり優遇されている!?

天下《あまくだ》りや、格安で借りられる公務員宿舎の話題など、国家公務員の待遇に関する話は、民間企業に勤める人びとからしてみれば、「普通に給料をもらったうえに、あんな好待遇も受けて！」と、羨ましく思っている方もいるかもしれません。

では、彼らの実際の給料は、いったいどれくらいなのでしょうか。

国家公務員の給与は人事院によって管理されていますが、給与の算定には「民間準拠方式」という方法が用いられ、決められます。ただし、このときの調査対象となる「民間企業」は、従業員数が一〇〇人以上の企業にかぎられますので、全国平均の民間給与とは少しズレが生じているといえます。

給与は基本給である俸給＋諸手当からなっていますが、これ以外に残業手当ももち

国家公務員の給与（モデルケース／2015年度）

モデル	年齢・家族構成	月額	年間給与
地方機関係員	25歳・独身	186,900円	3,017,000円
地方機関係長	35歳・配偶者、子1	288,300円	4,679,000円
地方機関課長	50歳・配偶者、子2	442,700円	7,057,000円
本府省課長補佐	35歳・配偶者、子1	456,200円	7,410,000円
本府省課長	45歳・配偶者、子2	727,000円	11,957,000円
本府省局長	—	1,060,600円	17,291,000円
事務次官	—	1,392,400円	22,701,000円

（注）月額及び年間給与は四捨五入。
（出典：内閣官房内閣人事局）

ろん付きます。この不況下においては、民間企業のなかには「みなし残業」として、給与のなかに日々の残業代が含まれるケースが多いようですが、公務員の場合は実働時間と比べカットはされるものの、きちんと支払われているようです。

低額で借りることができる公務員宿舎や共済年金などから比較しても、現在の民間企業の勤め人よりは優遇されているといえます。

近年の事例では、民主党政権時代の事業仕分けによって発覚した、埼玉県朝霞《あさか》市に建設予定だった公務員宿舎の「豪華さ」が挙げられます。

朝霞駅から徒歩一〇分の距離にあるこの宿舎は、単身用のものではありますが、3LDKで家賃が四万円の予定であったとされます。これは周辺の不動産事情から考えても格安です（その後、同宿舎の整備事業は中止されました）。

財務省の発表（二〇一三年一二月）によると、二〇一八（平成三〇）年四月以降の国家公務員宿舎の使用料は、東京二三区の場合、新築から築一五年の宿舎で、独身用が一万六七〇〇円、世帯用が課長補佐で六万円、幹部で一三万九四〇〇円となっています。

都内の国家公務員宿舎は千代田区の紀尾井町や港区の南青山などに建っていますので、民間で借りるよりも家賃（使用料）はだいぶ安いということがいえるでしょう。

仕事がデキてもデキなくても給料は同じ？

若いときは俸給がそれほど高くはなく（三五歳で約二九万円）、官僚のトップである事務次官でも、年収は二二〇〇万円強といいますから、民間企業のトップと比べても決して高いとはいえません。

とはいえ、退職金は高額ですし、いまは少なくなったとはいえ、天下りを繰り返せば、七〇歳代でも年収一〇〇〇万円以上を稼ぐ人もいるのは事実です。

世間一般から見れば、この部分が民間企業とかけ離れた部分で、「官僚は儲かる」という印象を与える要因になっています。

問題なのは、よっぽどの事件などを起こさないかぎり、公務員は基本的にクビになることはありませんので、仕事ができない人もできる人も、給料は同じということ。キャリア官僚の場合、課長まで自動的に昇進できます。

民間企業とのこういった違いが、官僚や国家公務員が高い給料で働いているというイメージを与える要因となっているのでしょう。

37

天下りはなぜなくならないのか？

天下りの仕組みと弊害

ニュースなどでよく槍玉に挙げられる「天下り」。そもそもこの原因は、特異な官僚の昇進制度と関係があるようです。

天下りは「官僚の再就職先を探す仕組み」

官僚が批判の対象になるときに、真っ先に挙げられるのが「天下り」の問題ではないでしょうか。

天下りとは文字通り、「天（お上＝中央省庁）」の官僚が民間企業や外郭《がいかく》団体などに「下る」という意味です。役人至上主義の日本独特の言い回しですね。

なぜ天下りが起こるのかといえば、まず挙げられる要因としては、中央省庁の人事のシステムにあります。

つまり、各省庁の最終的なポストである事務次官は同期入省のなかで一人しか就くことができませんので、それ以外の官僚はその省庁を去ることになります。彼らにはもちろん、養うべき家族がいますから、稼ぎ口を用意しないまま辞めさせることもできません。

そこで、天下り先を用意して、そこで雇ってもらうことにするのです。天下りとは、「官僚の再就職先を探す仕組み」と言い換えられるでしょう。

これに関連して、事務次官のポストが一つなのはわかりますが、「それ以外の同期を強制的に辞めさせなくてもいいではないか」と思われる方もいるでしょう。

でも、省庁のトップの下に同期や、年次が上の先輩を配すると、仕事がやりにくくなるようなのです。中央省庁には東京大学を卒業したエリートがたくさんいますから、「自分よりあとに入ってきた者の下でなんて、働きたくないよ」という意識が邪魔をするのかもしれません。キャリア制度が「特異な昇進制度」と見なされるのはこれらのことによります。

また、課長以降は格段にポストが減りますから、早々に退職する官僚も少なくありません。出世コース（これを「ライン」といいます）から外れた官僚は、地方自治体や外郭団体、独立行政法人の幹部職員、民間企業の重役などへ天下りし、第二の人生を送ることになります。

なぜ天下りをしてはいけないの？

では、なぜ天下りが悪しき慣例として槍玉に挙げられるのでしょうか？

第一に挙げられるのが、官民の癒着《ゆちゃく》を助長するということです。民間企業が元官僚をそれ相応の待遇で受け入れるということは、何らかの見返りを期待してのこと。受け入れ企業の仕事の受注や、受注費に便宜を図ってもらうことが、見返りの典型例かと思います。

二〇〇七（平成一九）年一〇月に発覚した山田洋行事件は、同社による官僚や政治団体への接待疑惑や裏金づくりにまつわるものでしたが（同社は二〇一一年九月に解散）、これも、軍需専門商社である山田洋行が過去に何人もの防衛省ＯＢを受け入れていた、つまり天下りさせていたことに端を発した問題で、同社が天下り先として元官僚を受け入れる代わりに、入札を行なわずに軍需製品を納入できるようにしていました。

発注元が防衛省ということは、つまりはわたしたちの税金から支払われているということです。税金が無駄に多く使われていたことになります。ですから、天下りを許しておくと、余計なお金がかかってしまうことになる、ということです。

この、税金が余計に使われるということは、ほかの天下りの場合も同様で、天下り先を多く確保するために、本来なら必要のない法人がつくられたりもしています。ニュースで話題になったことがあるのは、このことですね。

さらに、有名な言葉に「渡り」というシステムがあります。これは、退職した官僚

天下りのシステム

省庁は本来、
民間企業を監督する立場にあるが、
両者のあいだに癒着が起こりやすくなり、
特定の企業を優遇しかねない。

民間企業

自分の会社を管轄する省庁のOBを受け入れることで、省庁から優遇され、企業の業績に反映させることを目的とする。

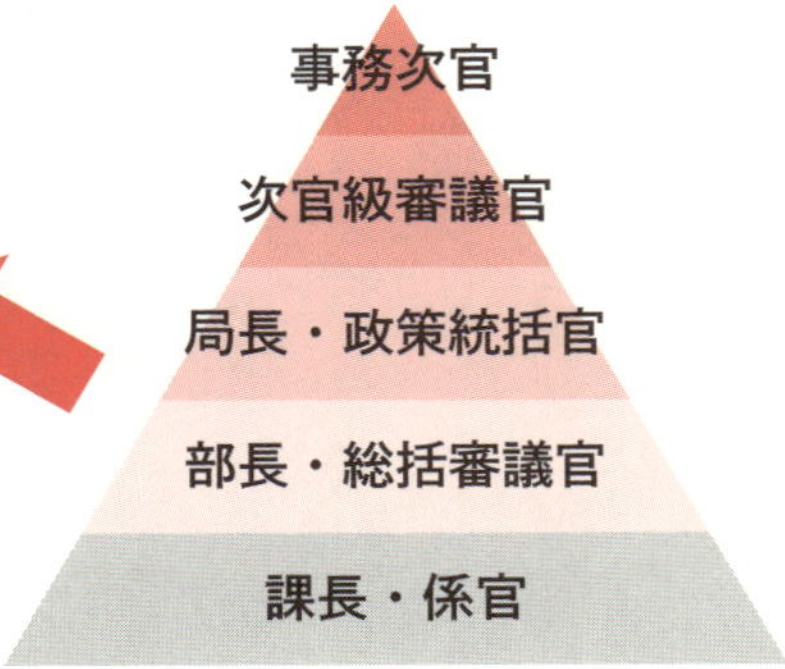

発注

各種法人

元キャリアのいる受け入れ先から業務を発注されるので、仕事を生み出せる。天下り先で退職を繰り返すことにより、元キャリアは生涯賃金を上乗せできる。

不当に高額な価格で
発注することにより、
税金の無駄遣いが起こる。

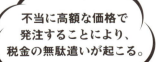

が天下りを繰り返すことで、二年ほどで役職を辞めるたびに多額の退職金が出る仕組みになっています。これもたびたび槍玉に挙げられています。

彼らがもらう退職金も、結局は税金なわけですから、批判されて当然でしょう。

渡りは、天下り先にランクが付けられていることから起こるもので、省庁のトップである事務次官が天下りをすると、その先にいたOBがそれよりもランクが低いところへ異動します。これが年中行なわれていることにより、渡りが起こることになるわけです。

官僚のエリート意識が、渡りを発生させる要因となっているのでしょう。

ただし、最後にいっておきたいこととして、よい天下りもあるという点はおさえておくべきことのように思われます。

官僚は、「公益のために働きたい」という意思をもって中央省庁に勤めはじめます。そこにウソはありません。ですので、出世競争をよく思わない官僚も多いようです。そんな、社会のために働きたい意思がある元官僚がいて、社会に有益な新事業を起こす場合、その再就職先がたとえ独立行政法人であっても、悪しきイメージの天下りにはならないのではないでしょうか。天下りも、場合によっては社会の役に立つこともあるのです。

38

日本のあらゆることがらを手掛けるシンクタンク

内閣府

二〇〇一年に新たに設置されたのが、内閣府です。日本の将来を描き、それを実行に移すのも内閣府の仕事といえます。

ほかの省庁よりも権限をもつ内閣府

縦割り行政の弊害をなくし、内閣機能の強化をめざして二〇〇一（平成一三）年の省庁再編の際に設置されたのが内閣府です。それまでの総理府、経済企画庁、沖縄開発庁が合わさってできました。

内閣府の長は内閣総理大臣で、ニュースなどでよく耳にする経済財政諮問《しもん》会議や中央防災会議、男女共同参画会議、総合科学技術会議など、重要政策に関する会議を内包するのもこの官庁です。

その他、賞勲局といって叙勲を管轄する部局や、沖縄振興局があるのもここですし、経済財政白書の作成も内閣府の仕事です。

これらのことから、内閣府はほかの省庁よりも一段階高いレベルに位置するものと見なされます。つまり、日本という国家のグランドデザインを描くのが内閣府の役割といえるでしょう。

また、内閣府の特徴として、総理大臣によって任命される特命担当大臣が置かれることが挙げられます。第四次安倍政権では「男女共同参画」「防災」「原子力防災」「地方創生」「マイナンバー制度」などがあります。

一人の人物が複数の担当大臣を兼務する場合も多く、衛藤《えとう》晟一《せいいち》氏は「沖縄及び北方対策、消費者及び食品安全、少子化対策、海洋政策」、竹本《たけもと》直一《なおかず》氏は「クールジャパン戦略、知財戦略、科学技術政策、宇宙政策」を兼務しています。なお、これには問題もあり、一人でいくつも問題をこなせるのかという指摘もされています。その問題が沈静化しているときはよいのですが、急務になったときは困りますね。

また、首相がコロコロと変わる時代にあっては、特命担当大臣を据えたのはいいけれど、何も仕事をしないうちにその政権が倒れてしまうと、予算がムダになってしまうという問題も起こり得るのです。

バラエティに富んだ内閣府の外局

国家のあらゆることを手掛けるだけあって、内閣府の外局はバラエティに富んでいます。公正取引委員会や国家公安委員会、金融庁も内閣府の外局として位置付けられ

内閣府の組織図

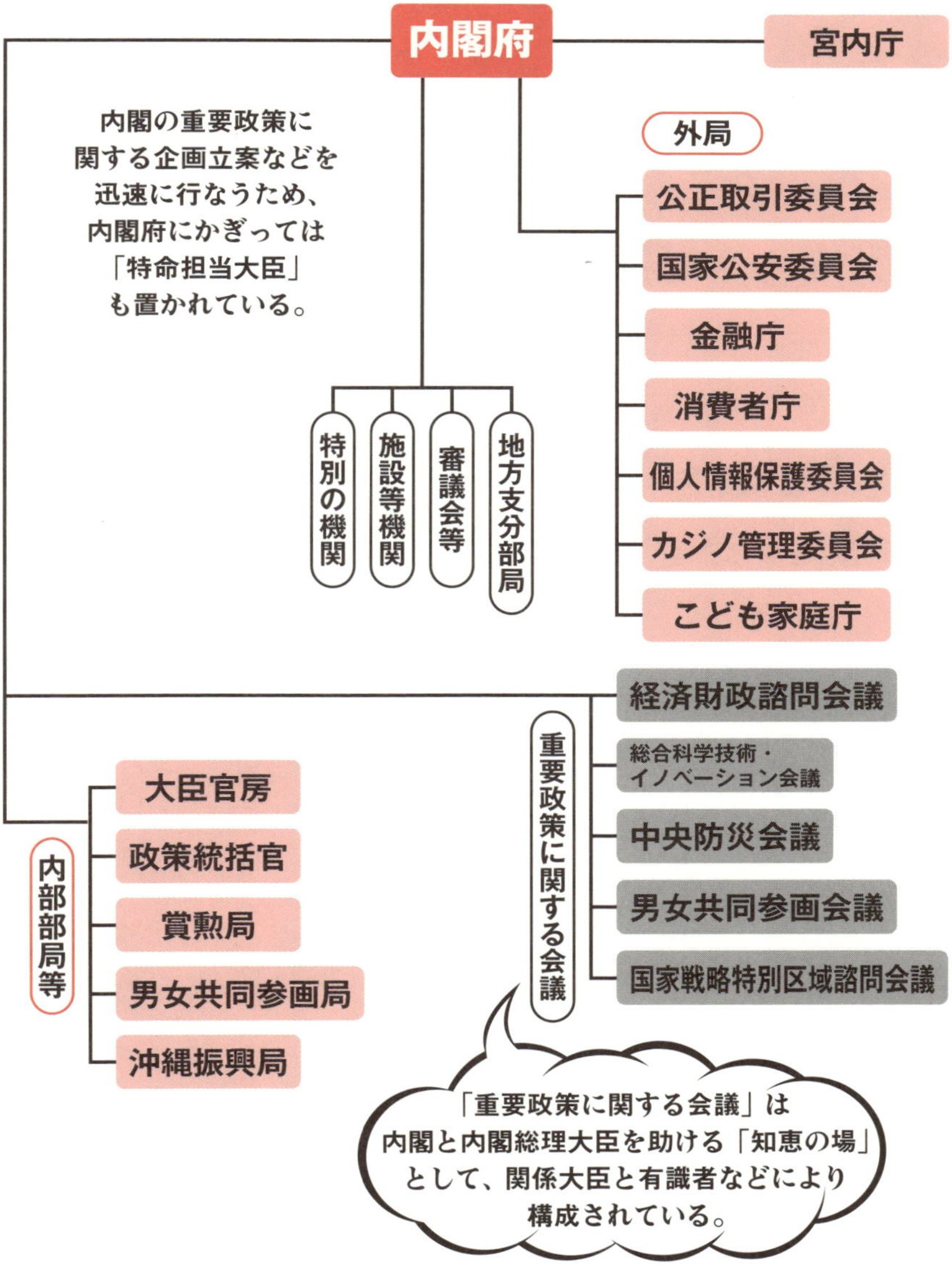
内閣府
宮内庁
内閣の重要政策に関する企画立案などを迅速に行なうため、内閣府にかぎっては「特命担当大臣」も置かれている。
外局
公正取引委員会
国家公安委員会
金融庁
消費者庁
個人情報保護委員会
カジノ管理委員会
こども家庭庁
特別の機関
施設等機関
審議会等
地方支分部局
重要政策に関する会議
経済財政諮問会議
総合科学技術・イノベーション会議
中央防災会議
男女共同参画会議
国家戦略特別区域諮問会議
内部部局等
大臣官房
政策統括官
賞勲局
男女共同参画局
沖縄振興局
「重要政策に関する会議」は内閣と内閣総理大臣を助ける「知恵の場」として、関係大臣と有識者などにより構成されている。

ていますし、消費者庁もここに含まれます。

金融庁は二〇〇〇（平成一二）年七月に金融監督庁と旧大蔵省の金融企画局を統合して発足した官庁で、旧大蔵省から金融行政を独立させたという意味合いをもちます。当時は官僚への銀行の行き過ぎた接待が社会問題となった時期で、銀行や証券会社を監督する機能を旧大蔵省から分離することにより、金融官庁の健全な働きを促すことになりました。監督だけではなく、銀行や証券会社の業務に関する企画立案も行なっています。

外局ではありませんが、宮内庁も内閣府の管轄です。宮内庁は天皇の国事や皇室関係の事務などに関わる官庁ですが、最近では天皇退位や皇室典範《こうしつてんぱん》の改正にまつわる問題、古代天皇陵墓の調査・研究に関する是非など、この先日本の伝統をどのように受け継いでいくのかという問題を抱えています。そういう意味では、宮内庁が内閣府の管轄というのも納得がいきますね。

39

国の基本的な仕組みを司る総務省

総務省

地方分権や通信・放送、郵政事業、消防など、日本国民のあらゆるものごとをカバーしているのが「マンモス省庁」の総務省です。

「暮らしの中に総務省」の意味とは？

中央省庁のなかで、内閣府に次いで位置するのが総務省です。総務省は二〇〇一（平成一三）年の中央省庁再編により、総務庁、郵政省、自治省が合わさってできた官庁で、同省の定員規則によると、本省の定員は四六三〇人となっています。

総務省は、行政評価（各省庁の仕事内容を調査すること）や地方分権、市町村合併、通信・放送、郵政事業、消防など、わたしたち国民の身近なことがらを管轄しています。携帯電話やテレビの電波割り当てや郵便事業などはまさにわれわれには馴染みの深い分野ですね。テレビがアナログ放送からデジタル放送に変わるときに主導したのも、総務省でした。

そのほか、選挙制度や公務員制度の管理・運営をするのも、同省の仕事です。

このことから、総務省のキャッチフレーズは「くらしの中に総務省」となっていますが、たしかにその通りの仕事をしている官庁なのです。

総務省の仕事のなかでも重要なのが、地方自治に関するものです。これは旧自治省の仕事をそのまま受け継いだものですが、地方分権を推進し、地方自治体へ国の権限を委譲するために積極的に動くのも、この官庁の役割です。

近年、「道州制《どうしゅうせい》」（行政区画として道と州を置く地方行政制度）が話題になるなど、地方分権は長年、地方自治体のあり方を考えるうえで重要なポイントであり続けてきました。

ですが、地方自治体の収入のうち、多くは国からの交付金や支出金に頼ったままです。中央（国）の財源をどのようにして地方へ移すのかということは、総務省が早急に考えなければならない「宿題」といえるでしょう。

消防行政を司る消防庁

総務省の外局には、消防庁と公害等調整委員会があります。

皆さんにとくに馴染み深いのは前者の消防庁でしょう。消防庁は、平常時は消防行政の礎《いしずえ》として、必要な法令を整備したり、消防車両・資材・機材などの配備を行ない、緊急時には被害の全貌を把握し、援助隊の派遣などの効率化を図ります。

総務省の組織図

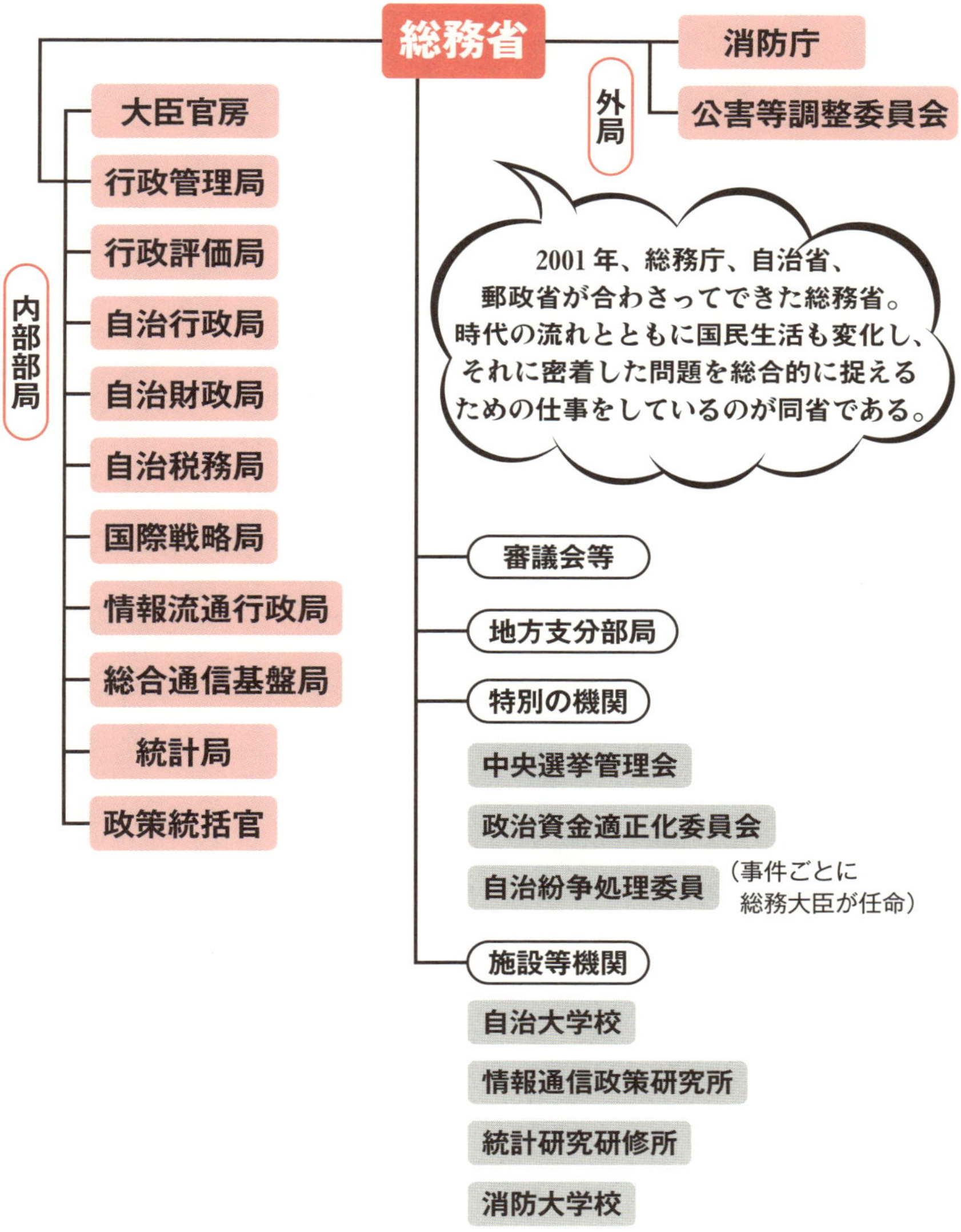
総務省
内部部局
大臣官房
行政管理局
行政評価局
自治行政局
自治財政局
自治税務局
国際戦略局
情報流通行政局
総合通信基盤局
統計局
政策統括官
外局
消防庁
公害等調整委員会
2001年、総務庁、自治省、郵政省が合わさってできた総務省。時代の流れとともに国民生活も変化し、それに密着した問題を総合的に捉えるための仕事をしているのが同省である。
審議会等
地方支分部局
特別の機関
中央選挙管理会
政治資金適正化委員会
自治紛争処理委員
（事件ごとに総務大臣が任命）
施設等機関
自治大学校
情報通信政策研究所
統計研究研修所
消防大学校

ただし、消防庁は前述のように、消防行政を全国的に把握するのが主目的で、消防庁が自治体の個別の消防について直接指揮しているわけではありません。消防署の職員は自治体に採用された地方公務員（原則）ですので、国家公務員と地方公務員が混ざっている警察官とは雇用形態が少し異なっています。

公害等調整委員会は、裁定・調停などにより公害紛争の一刻も早い解決を図る機関で、同委員会が過去に手掛けた事件には、水俣病《みなまたびょう》や、大阪国際空港の騒音、尼崎市の大気汚染被害などがあります。

地方公共団体に公害苦情相談窓口の苦情処理のノウハウをアドバイスしたり、苦情処理の統計を取ったりするのもこの機関の仕事です。

地方自治から郵便、通信、そして消防、公害まで、幅広いジャンルをあつかうのが総務省というわけです。

同省によると、あつかう分野の数は一〇〇を超えるとのことです。まさに、「くらしの中に総務省」といえますね。

40

日本の法秩序が守られているか見守る法務省

法務省

時代とともに移り変わる情勢に対応し、法律もまた変化していかなければなりません。そんな日本の「法の番人」が法務省です。

常に法律を「メンテナンス」する

法治国家である日本では、法律がまず何よりも活動の指針となります。その法律を管理する官庁が法務省です。

法律は時代の流れとともにメンテナンス作業を必要とします。

二〇一二（平成二四）年四月に京都府亀岡市で起きた、無免許運転の少年が登校途中の生徒や保護者を多数死傷させた事件では、犯人の少年に「危険運転致死傷罪」があてはまるかどうかが論点となりましたが、この法律がつくられたときは、「無免許＝運転が未熟」という捉え方が含まれていませんでした。

そのため、遺族の方々が、無免許運転も危険運転致死傷罪に含めるよう、法務省に要望書を提出していましたが、結局、その罪が適用されることはありませんでした。

このように、現行の法律は、新たな事件が起こると見直されることもあり、定期的に管理することが必要となるのです。

皆さんのような一般人が裁判員として参加する「裁判員制度」や、戸籍などを管理する各地の法務局、刑務所などを管轄するのも法務省で、わたしたちとは少し距離のあるイメージがありますが、意外と身近なことがらをあつかっているのです。

法務省の内部部局には、民事局や刑事局のほか、人権擁護局があります。外局には出入国在留管理庁があり、日本における出入国管理のほか、外国人登録、難民認定などを行なっています。

また、刑務所を管轄するのも法務省で、死刑執行の命令に判を押すのも法務大臣の役目。政権が代わり、はじめて死刑が執行されるとニュースなどで取り上げられ、法務大臣のコメントが紹介されることも少なくないのは、このことによります。

地下鉄サリン事件で一躍有名になった公安調査庁

法務省には公安審査委員会、公安調査庁、出入国在留管理庁と外局が三つあります。

公安調査庁の名が広く知れ渡ったのは、一九九五（平成七）年三月の「地下鉄サリン事件」以降でしょう。

この大事件以降、オウム真理教はテロ集団と見なされ、団体規制法（正式には「無

法務省の組織図

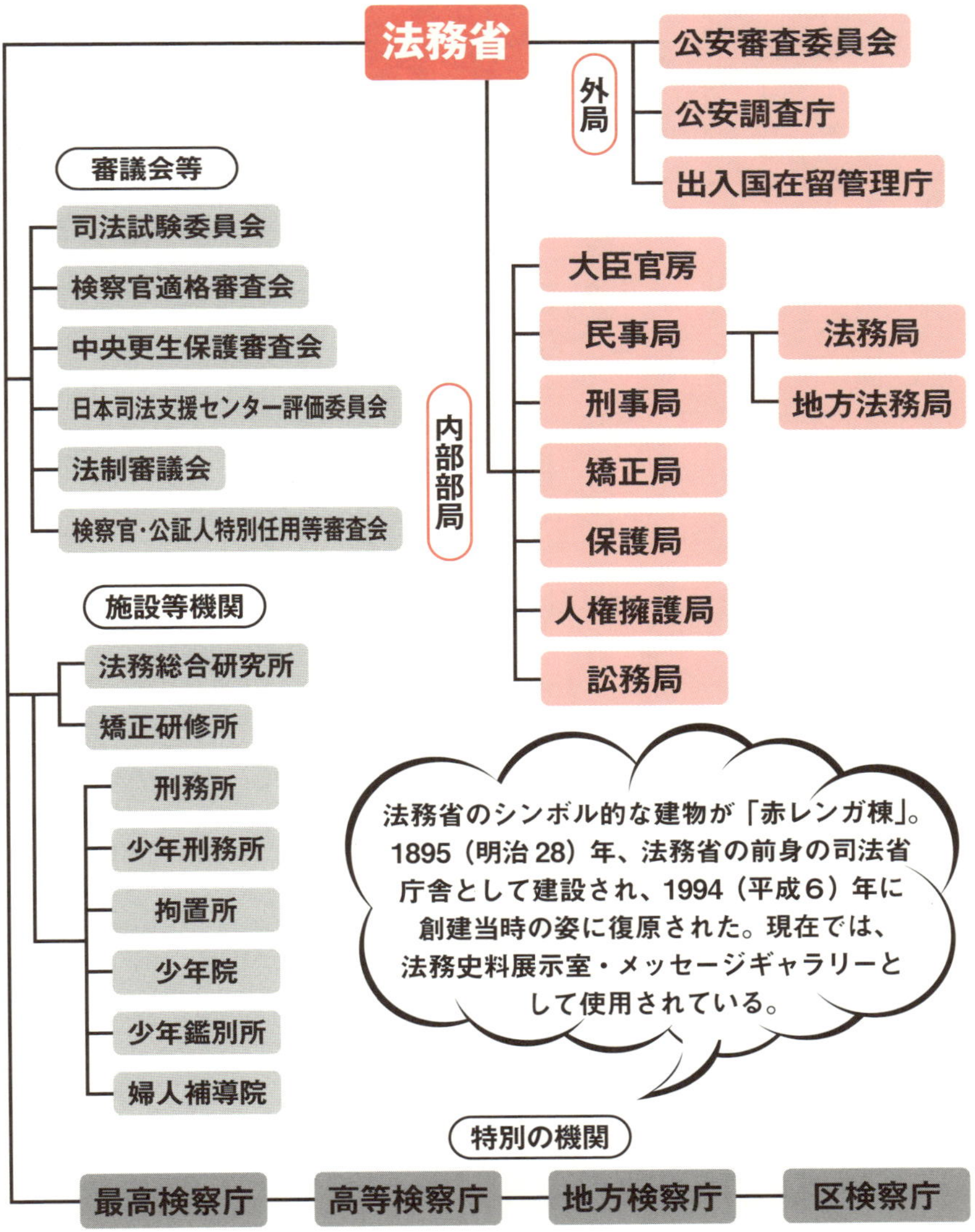
法務省
外局
公安審査委員会
公安調査庁
出入国在留管理庁
内部部局
大臣官房
民事局
法務局
地方法務局
刑事局
矯正局
保護局
人権擁護局
訟務局
審議会等
司法試験委員会
検察官適格審査会
中央更生保護審査会
日本司法支援センター評価委員会
法制審議会
検察官・公証人特別任用等審査会
施設等機関
法務総合研究所
矯正研修所
刑務所
少年刑務所
拘置所
少年院
少年鑑別所
婦人補導院
法務省のシンボル的な建物が「赤レンガ棟」。1895（明治28）年、法務省の前身の司法省庁舎として建設され、1994（平成6）年に創建当時の姿に復原された。現在では、法務史料展示室・メッセージギャラリーとして使用されている。
特別の機関
最高検察庁
高等検察庁
地方検察庁
区検察庁

差別大量殺人行為を行った団体の規制に関する法律）にもとづいて教団施設の立ち入り検査を行ないました。このとき活躍したのが、公安調査庁でした。

このように、公安調査庁は、公共の安全を損なう恐れのある危険性団体の調査を行ない、その団体が「危険あり」として規制の必要性が認められると、公安審査委員会に「規制処分」請求を提言します。

また、同庁は、過去にテロ行為を行なった団体がその後も危険分子を溜め込んでいないかどうかを監視する役目も担っています。ですが、常にそのような団体があるわけではありませんので、平常時は治安を脅かす事案に関する諜報《ちょうほう》活動や情報収集に勤《いそ》しんでいます。

法務省は二〇〇一年の中央省庁再編では組織としてとくに変化がなかった官庁ですが、その後の司法制度改革や、日々の法律のメンテナンス、そして、フロッピーディスク改ざん事件もいまだに記憶に新しい検察庁の問題など、解決しなければならない問題は少なくありません。

法治国家である日本の「法の番人」として、法律に関しては常に誠実であってほしいものです。

41

国益を守り、外国との交渉にあたる外務省

外務省

中国や韓国、ロシアとの外交問題を抱えている日本にとって、外務省こそとくに重要な省庁の一つといえるでしょう。では、その仕事内容とは？

「外国事務取調掛」が起源の最古参

中国との「尖閣《せんかく》諸島問題」、韓国との「竹島《たけしま》問題」、ロシアとの「北方領土問題」、そして北朝鮮との「拉致《らち》・核・ミサイル問題」と、日本を取り巻く各国との問題は、二一世紀を迎えて以降、複雑な様相を呈し、ひとたび間違えば戦争に発展しかねません。そういう意味では、いまの日本でもっとも重要な官庁の一つが外務省といえるでしょう。

外務省の設立は一八六九（明治二）年のことで、旧大蔵省と並んで、日本の官庁のなかではもっとも古いうちの一つです。その前年に誕生した明治政府がつくった「外国事務取調掛《とりしらべがかり》」という役所が、外務省として再スタートしました。

現在、日本が国家として正式に認めている国は一九五か国で、最近では南スーダン、

クック諸島、ニウエを承認しています。日本はこれらの国と外交、つまり外国との交流・交際を行ないながら、国際社会のなかで行動していかなければなりません。そのときに活躍するのが、外務省の職員たちです。

現在、外務省の職員は約六〇〇〇人おり、そのうちの約二五五〇人が霞が関の外務本省で、残りの約三四五〇人が海外の大使館や総領事館などで働いています。海外で働いている職員数の方が国内のそれよりも多いというのは、省庁のなかでも外務省だけです。

大使館（実館・兼館の合計で一九五館）は基本的にその国の首都にある日本を代表する機関で、総領事館（六四館）は世界の主要都市に設けられた機関です。いわば総領事館は、大使館の出先機関といえ、日本人の保護や貿易の促進などをおもな業務にしています。

また、発展途上国への援助を担うのも外務省の仕事で、ＯＤＡ（政府開発援助）がとくに有名ですね。二〇一八年度のＯＤＡは年間で五五三八億円にものぼりますが、軍事力をもたない日本が各国の支持を取り付けることの見返りとしての側面もあるといえます。

ですが、援助先のある国では、ＯＤＡで浮かせた分を軍事費に回している国もあるようですから、ただ闇雲にＯＤＡを配るとすれば問題でしょう。結局、ＯＤＡはわた

外務省の組織図

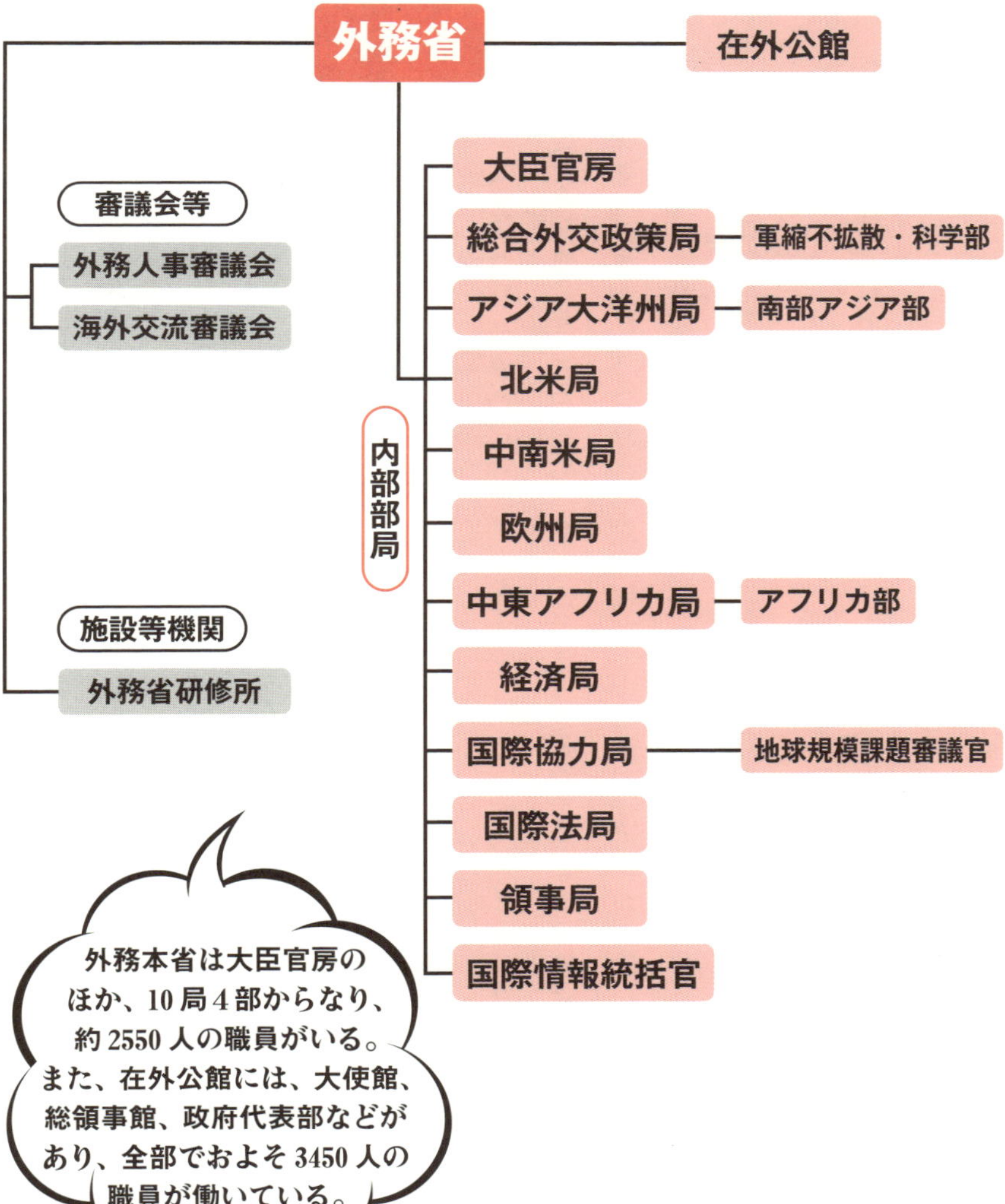
外務省
在外公館
審議会等
外務人事審議会
海外交流審議会
施設等機関
外務省研修所
内部部局
大臣官房
総合外交政策局
軍縮不拡散・科学部
アジア大洋州局
南部アジア部
北米局
中南米局
欧州局
中東アフリカ局
アフリカ部
経済局
国際協力局
地球規模課題審議官
国際法局
領事局
国際情報統括官
外務本省は大臣官房のほか、10局4部からなり、約2550人の職員がいる。また、在外公館には、大使館、総領事館、政府代表部などがあり、全部でおよそ3450人の職員が働いている。

したちの税金から支払われているのですから。

エリート意識が引き起こしたスキャンダル

日本でもっとも伝統のあるの官庁の一つである外務省では、長年、従来の国家公務員採用I種試験とは別の「外交官試験」によって職員を採用していました（同試験は二〇〇一年に廃止。現在は総合職試験、専門職試験合格者から採用）。ですから、外務省に入る人はエリート意識が高く、それが良くも悪くも日本の外交官の行動規範を形成してきました。

二〇〇一（平成一三）年当時、外務大臣を務めていた田中真紀子氏が外務省のことを「伏魔殿《ふくまでん》」と揶揄《やゆ》したことは記憶に新しいところですが、同年には外務省職員のさまざまなスキャンダルが発覚。懲戒や停職にとどまらず、逮捕された職員もいます。

外務省の職員の仕事は外国でのことですから、どうしてもチェックが甘くなります。そのため、総領事館で開催するパーティーのための料理を自分の家庭用に回したり、公金を私的に流用するなどという事件が起こるわけですね。

日本の利益のために外国と交渉するエリート集団、外務省。領土問題をはじめとする問題は山積していますから、その能力を国際社会で十分に発揮してほしいところです。

42

国家財政を司る行政のナンバーワン省庁・財務省

財務省

「官庁のなかの官庁」といわれるのが財務省です。日本の財政を切り盛りする省庁は、いったいどのようなことを考えているのでしょうか?

絶大な権力をもつ主計局と主税局

日本の国家財政を全般的に任されている官庁が、財務省です。お金をあつかう機関はどの会社でも発言権が強いものですが、官庁の場合もそれは同じで、エリート中のエリートが集まる財務省は「最強の官庁」の異名をもっています。

財務省の前身は大蔵省で、基本的な仕事内容は変わりません。ちなみに大蔵省も「官庁のなかの官庁」という通り名をもっていました。

財務省の内部部局のなかでとくに力をもっているのが主計局《しゅけいきょく》と主税局《しゅぜいきょく》です。

主計局の仕事は、一言でいえば国家予算を各省庁に割り振ること。つまり、日本の国家予算をどのように使うか計画する権限をもっている部署です。主計局は各省庁から提出される来年度予算要求（概算要求）をもとに、査定を行ない、予算を決めます。

これが政府の予算案となり、国会で審議されたのち、採決されることになります。

憲法では、国の予算案の編成は内閣の仕事と規定されていますが、予算はそれこそ数十万円単位の積み重ねでもありますから、それを内閣、ひいては国会議員が編成することは作業的に無理があります。

また、予算編成を国会議員に任せると、彼らの選挙区に有利なように予算が使われてしまう可能性も捨てきれません。

そのため、各省庁と財務省主計局で予算を編む方が現実的なのです。

主税局は所得税や法人税、消費税など、国の歳入である税の仕組みづくりや企画を担当する部署です。

二〇一九年一〇月に消費税が一〇%に増税されましたが、この企画に関わったのが主税局です。

税をできるだけ公平に多く集めるのがこの部署の役割ですから、消費税増税は彼らの長年の悲願だったかもしれません。

主税局の職員には、何十年も勤めるベテランが多いようですが、税制がたびたび変わることに対応するには、やはりベテランの力が必要不可欠といえるからでしょう。

財務省の組織図

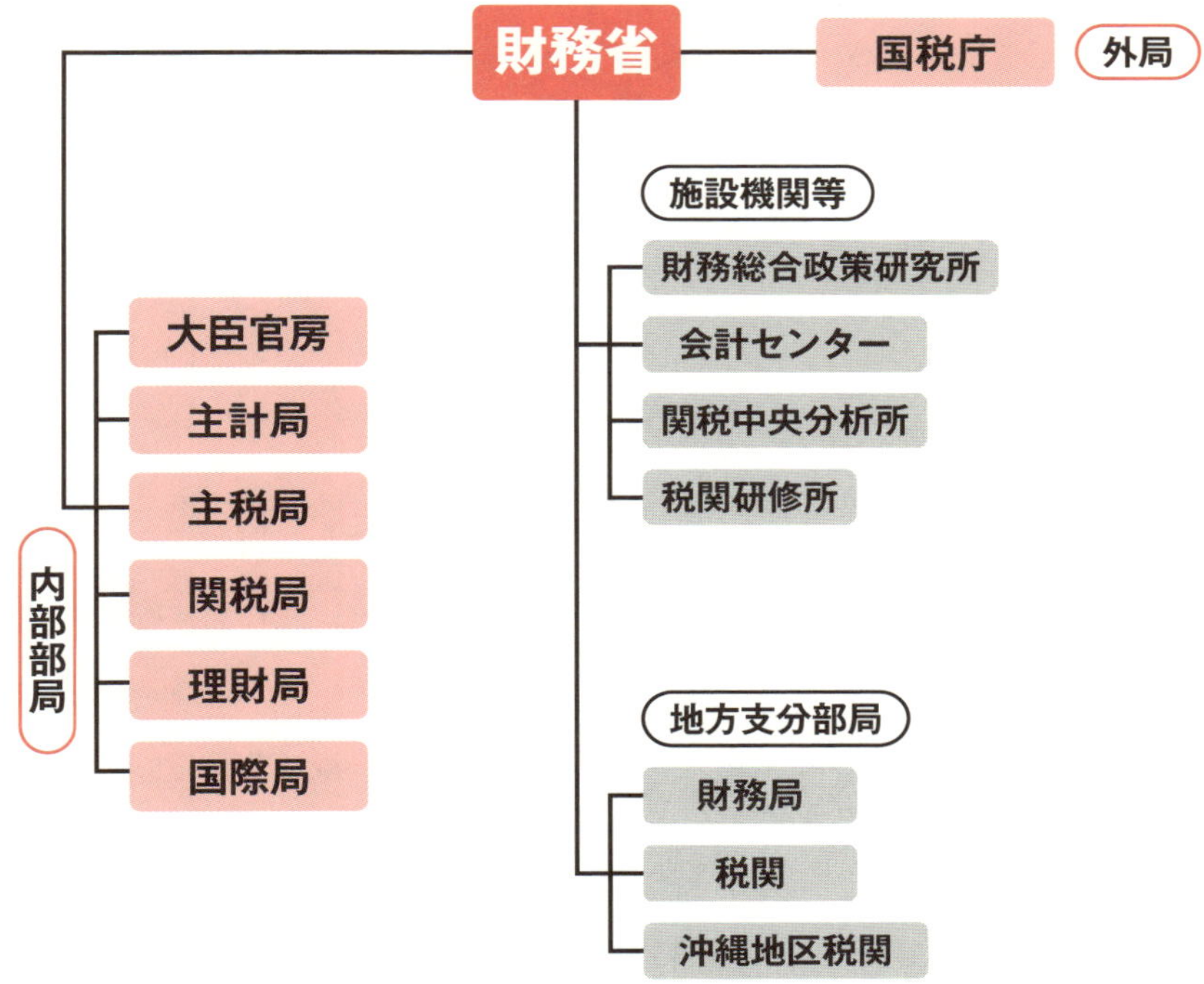

外局の国税庁には国税庁本庁のほか、全国に11の国税局、沖縄国税事務所、524の税務署が設置されている。「マルサ」と呼ばれる査察部は、国税庁の地方支分部局の国税局内にある。

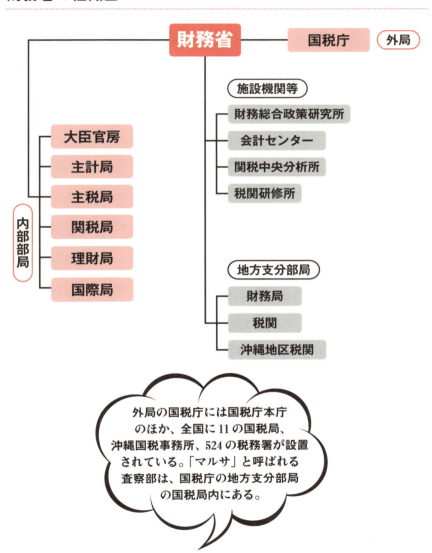

国の借金は一二五七兆円

財務省の外局には国税庁があります。国税庁の仕事はズバリ、「税金を集めること」。税収に関して企画するのが主税局ならば、それを徴収する実行部隊が国税庁といえるかもしれません。ですから、彼らは日々、脱税の摘発や研究をしています。

国税庁の下に位置するのが国税局と税務署で、これらが税を徴収する最前線として活躍しています。

現在、国の借金は日々増え続けており、二〇二二（令和四）年末時点で約一二五七兆円となりました。日本の財政をどのように再構築するのかは財務省の力にかかっているといっても過言ではありません。

こうしたなか、首相夫人と親交があった「森友学園」への国有地の格安払い下げと、それに絡んでの決裁文書の改ざんと交渉記録の廃棄、トップの事務次官のセクハラ辞職といった、前代未聞の不祥事が続き、国民の財務省への信頼は地に堕ちました。

財政健全化のために、ただ増税だけを考えればよいのか。エリート中のエリートが集まる財務省の官僚には、ぜひ考えていただきたいところです。

43

科学・教育・体育と、日本の頭脳育成を図る文科省

文部科学省

「人材こそ国の宝」といわれますが、日本国民の育成に深く関わっているのが文部科学省です。また、最先端分野へのサポートもしています。

「ゆとり教育」の弊害とは

文部科学省は文部省と科学技術庁が統合して生まれた官庁で、「教育」「科学技術・学術」「スポーツ」「文化」の各ジャンルの振興の役割を担っています。

資源の少ない日本にとって、宝と呼べるのは「人材」をおいてほかにありません。同省では「教育立国」「科学技術創造立国」の実現をめざしています。

しかし、近年の社会問題では教育分野におけるものが少なくありません。

たとえば、日大アメフト部の危険タックル問題、元オリンピック金メダリストの柔道家による婦女暴行事件、大量の処分者を出した文部科学省による違法な組織ぐるみの天下り騒動などがそれにあたりますが、教育の場でこのような出来事が起こるのは、生徒たちにも悪影響をおよぼしますので、早急な対策が必要になります。

また、二〇〇二（平成一四）年から二〇〇八（平成二〇）年まで行なわれていた「ゆとり教育」の弊害も、いまの日本を覆《おお》っている深刻な問題の一つです。

ゆとり教育は、それまでの知識重視、学歴偏重の流れを断ち切るために導入されたものでしたが、そのあいだに私立学校などでは従来の授業形態が維持されたため、公立学校との差がとんでもなくついてしまい、二〇〇七（平成一九）年の全国学力テストにおける中学三年生の国語と数学の正答率において、公立と国立・私立とのあいだには約二〇％もの差がありました。

また、ゆとり教育が生徒の精神に与える影響も捨てきれなく、不登校やニートを生み出す要因の一つになったという見方もあります。

現在ではそれ以前の教育方針に戻りましたが、これからは知識重視の教育ではなく、自ら考える力を養う方針のもとに、学習指導要領の改定が進められています。

日本の文化の保護・発展を図る文化庁

文部科学省には、科学技術創造立国を目指すための最先端分野へのサポートという重要な役割もあります。スーパーコンピューターの開発支援や宇宙・海洋・原子力分野の推進などがその一例です。

宇宙開発の分野は二〇〇八（平成二〇）年までは同省の管轄でしたが、現在では内

文部科学省の組織図

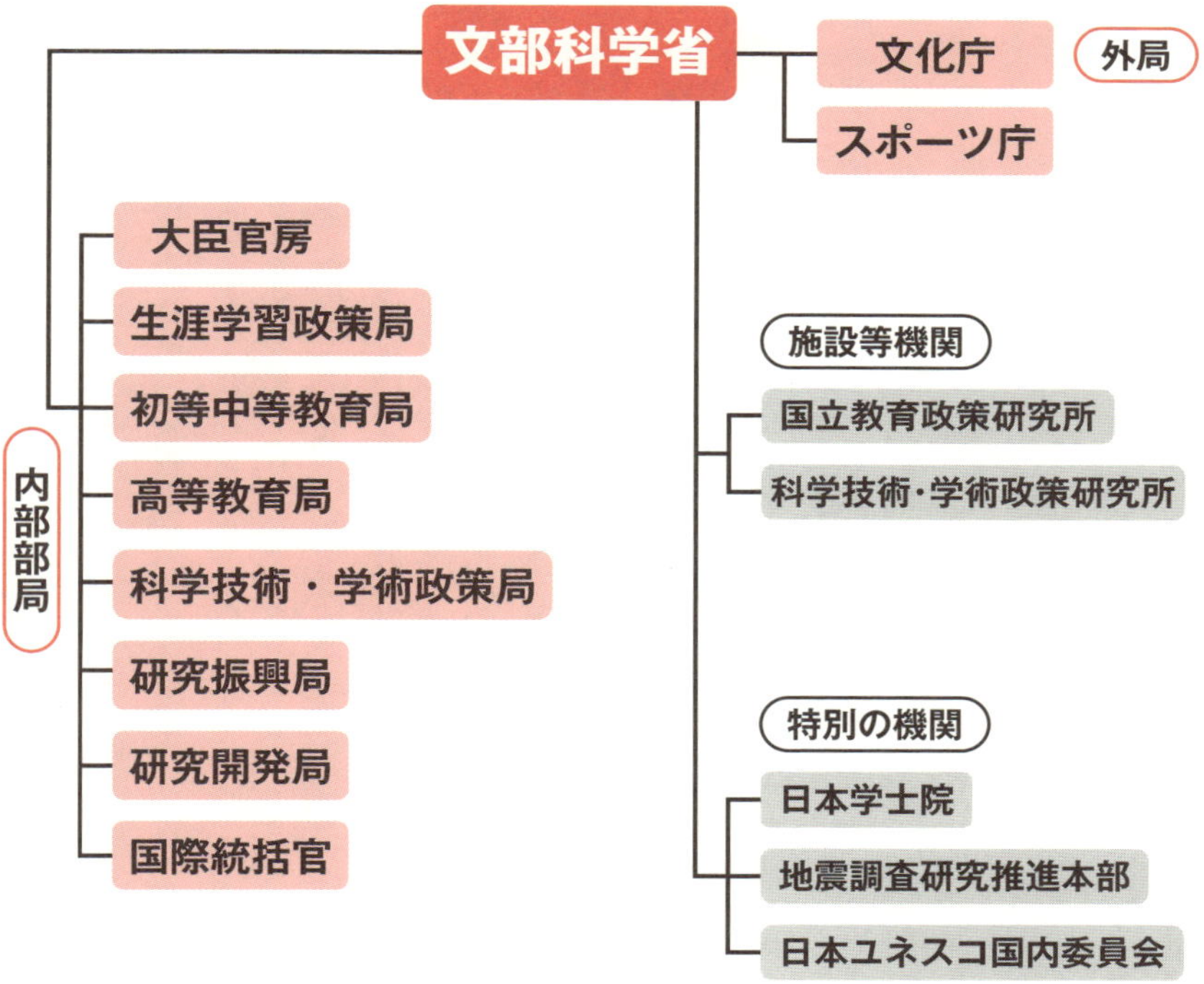

スポーツ庁は、
スポーツに関する施策を司る国の行政機関で、
2015年10月、文部科学省の外局として新設された。
初代スポーツ庁長官には、ソウルオリンピックの
金メダリスト（100メートル背泳ぎ）・
鈴木大地氏が就任した。

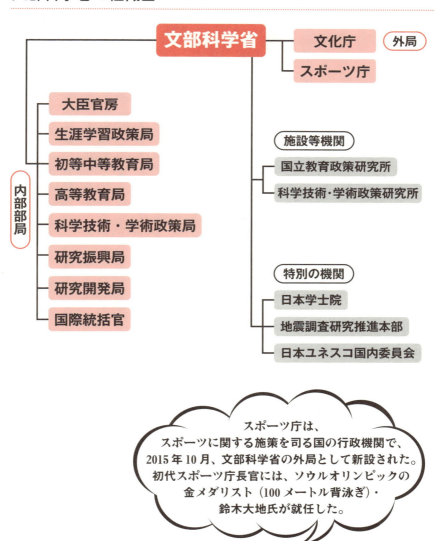

閣府にその仕事が移りました。二〇一〇（平成二二）年に地球へ帰還した「はやぶさ」で一躍名を馳《は》せたＪＡＸＡ（宇宙航空研究開発機構）は、文部科学省のみならず、内閣府、総務省、経済産業省が共同で管轄する独立行政法人となっています。

また、文部科学省の外局には文化庁とスポーツ庁があります。文化庁は日本の文化の保護や発展に寄与する官庁で、有形文化財や無形文化財など文化財全般の保護のほか、ゲームソフトやＣＤ、アニメなどがつくった人に無断でコピーされないようにするための「著作権」に関する仕事もしています。

世界に発信できるようなレベルの高い技術や文化を保持するには、やはり「人材の育成」が急務です。それこそ、文部科学省の目指すところといえるでしょう。

ある政治家がかつてスーパーコンピューター開発の予算削減にまつわる会議で、「二位じゃダメなんでしょうか？」と発言しましたが、教育や科学技術はやはり一番を目指して努力していくべきでしょう。

スポーツ庁は、二〇一五（平成二七）年一〇月一日に発足した行政機関で、スポーツ行政の新しい司令塔としての役割が期待されています。二〇二〇年に開催される東京オリンピック・パラリンピックを成功に導くことや、スポーツを通じて国民が幸福で豊かな生活を営むことができるようにすることが同庁の重要な仕事といえます。

44

国民の生活全般を預かる巨大省庁・厚労省

厚生労働省

「消えた年金」問題や出生率の低下など、厚生労働省が抱える問題は国の行く末において重要なことばかりです。

解決していない「消えた年金」問題

省庁再編により、厚生省と労働省が合わさってできたのが厚生労働省ですが、この省庁が抱える範囲は、まさに「わたしたちの生活全般」といってよいでしょう。

その証拠に、厚労省の内部部局には、医政局、労働基準局、老健局、保険局、年金局など、バラエティに富んだ部局が備わっており、医薬品の安全性から労働者の安全確保、国民健康保険・介護保険、年金制度までをカバーしています。

しかし、その反面、解決が困難な問題を抱えているのも厚生労働省の特徴といえます。同省に関する問題でもっとも世間を騒がせたのは、二〇〇七（平成一九）年に発覚した、いわゆる「消えた年金」問題です。

これは旧社会保険庁のずさんな年金記録管理が引き起こした事件ですが、このことが引き金となって民主党が政権交代を成し遂げたという見方もあるほど、国民にとってはショッキングな出来事でした。「消えた年金」問題はいまだに解決したとはいえず、これからも注視する必要があります。

さらに、少子高齢化にともなう国民健康保険と年金制度の抜本的な改革が長年の課題となっています。日本の出生率は現在のところ一・四二（二〇一八年時点）となっています。国民健康保険に関していえば、国民皆保険制度は日本の誇りではありますが、高齢化にともなって今後医療費が増大することは確実です。

また、年金制度においては、日本は積み立て方式ではなく賦課《ふか》方式です。つまり、自分のためにお金を払うのではなく、いま現役世代が払っているお金はそのまま年金受給者に渡っているのです。

したがって、このままの出生率で推移すれば、現在四〇代前後の国民は将来年金をもらえなくなるかもしれません。厚労省の官僚の腕の見せ所は、間違いなくここにあります。

ハローワークと労働基準監督署

厚生労働省のそのほかの仕事には、医療や労働の分野があります。

医療では、医師不足の問題がまず挙げられるでしょう。医師不足が深刻なのは地方

厚生労働省の組織図

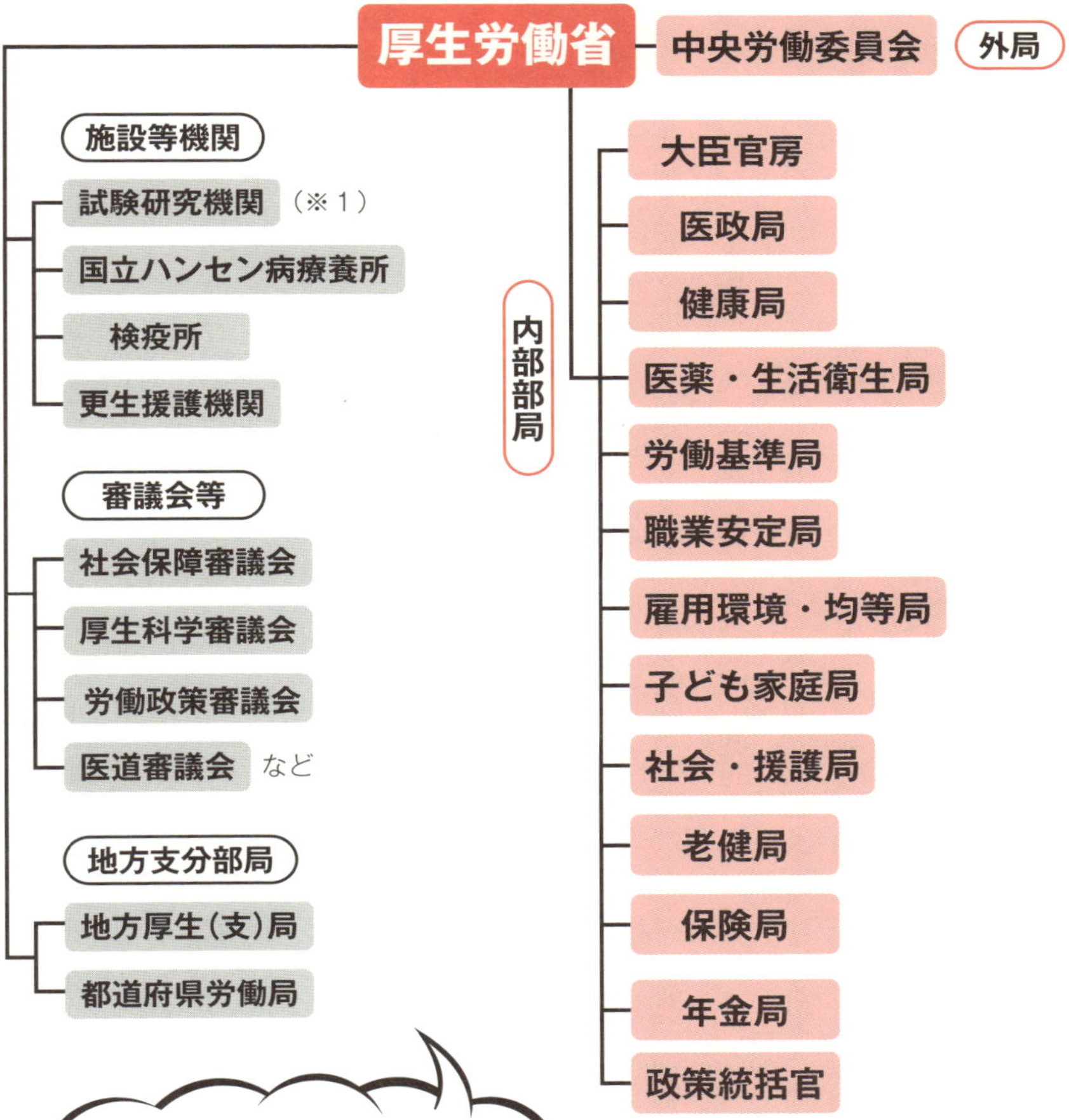

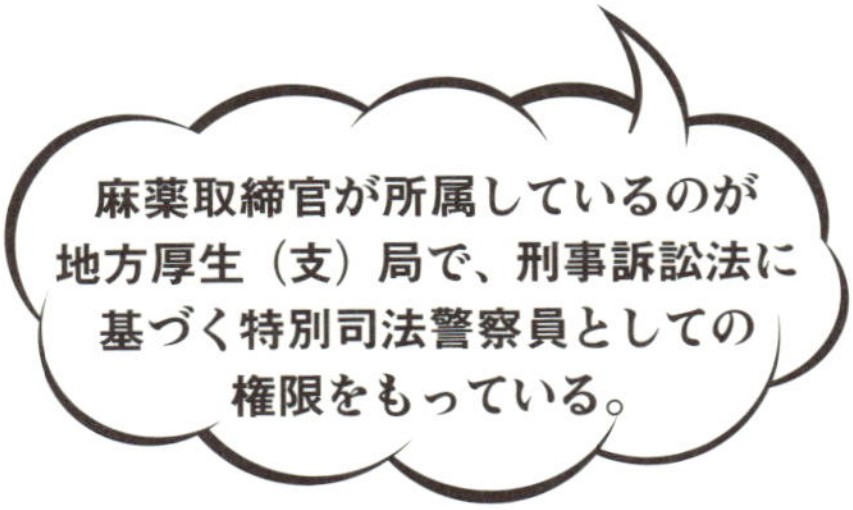

※1　国立医薬品食品衛生研究所、
国立保健医療科学院、
国立社会保障・人口問題研究所、
国立感染症研究所

や、産婦人科・小児科などの特定の診療科に多く見られますが、後者は、訴訟などが起きやすいリスキーな分野であることから、若い医師が就きにくくなったということが原因の一つのようです。

労働分野では、近年話題に挙がっている「ブラック企業」の存在、過労死の問題をどのように監視するのかが難問です。

ブラック企業とは、広い意味でいうと、労働法などに抵触するような苛酷な労働を強《し》いる企業のことですが、ハローワーク（公共職業安定所）に登録している企業のなかにもブラック企業は含まれており、それを仲介してもよいのかという問題が起こっています。就業率を上げるには、数多くの企業を紹介した方がよいですし、そうすれば優良でない企業も取り上げざるを得なくなります。

同省の管轄として労働基準監督署が各地に設置されていますが、労働者を保護する機関と、労働者を搾取《さくしゅ》する企業を紹介する機関が同じ省庁内にあるというのも、悩ましいといえるでしょう。このほかにも、正規と非正規労働者（正社員と契約社員）との格差是正の問題もあります。

国民生活をよりよくするには、厚生労働省の力が必要不可欠です。国民の明日は、厚生労働省の官僚しだいといえなくもありません。

45

日本の根幹である第一次産業を一手に引き受ける農水省

農林水産省

TPPの新協定発効を目指す日本。これからの日本の農業はどのような道筋を辿るのでしょうか。また、食の安全を守るのも、農林水産省の役目です。

日本の食料自給率を知っていますか?

現在の日本の食料自給率がどれほどか、皆さんはご存じでしょうか。

正解は、三八%(二〇一六年・カロリーベース)。この数字は主要先進国と比べて極端に低く、アメリカは一三〇%、フランスは一二七%、ドイツは九五%(二〇一三年・同)などとなっています。カナダにいたっては二六四%とズバ抜けています。

この食料自給率を取ってみるだけでも、農林水産業における日本の国力は脆弱《ぜいじゃく》といわざるを得ません。

それゆえ、ほかの省庁に負けず劣らず、農林水産省が抱える問題も難問山積です(日本の食料自給率については、%を低く抑えて公表することにより、農水省の立場を高めている〈つまり、仕事を増やすということですね〉という異論がありますが、ここではひとまず置いておくことにします）。

農林水産省の前身は農商務省といい、一八八一（明治一四）年に創設されました。その後、農林省（第一次）と商工省にわかれ、農商省を経て一九四五（昭和二〇）年に農林省（第二次）となります。農林水産省となったのは一九七八（昭和五三）年のことです。

農水省の仕事は多岐にわたり、農林水産業の発展はもちろん、食の安全確保・安定供給や農山漁村の発展・振興、森林の保護・管理などにあたっています。日本の第一次産業にまつわるすべてをカバーしているわけです。

しかし、後継者不足や高齢者問題、食料の海外からの安価な供給などが原因となって、田畑を守る人口は減る一方。二〇一七年の耕地面積は四四四・四万ヘクタールですが、これはピーク時（一九六一年の六〇九万ヘクタール）の約七三％ですから、半世紀で四分の一の耕地面積が失われたことになります。

耕作放棄地（一年以上、農産物の作付けがない農地）が増えると、食料生産高が減るだけではなく、害虫や害獣が増えたり、再び耕作地に戻すにも時間がかかってしまいます。農水省では再生作業を支援したり、用排水の整備などをサポートしていますが、抜本的な解決にはいたっていません。

農林水産省の組織図

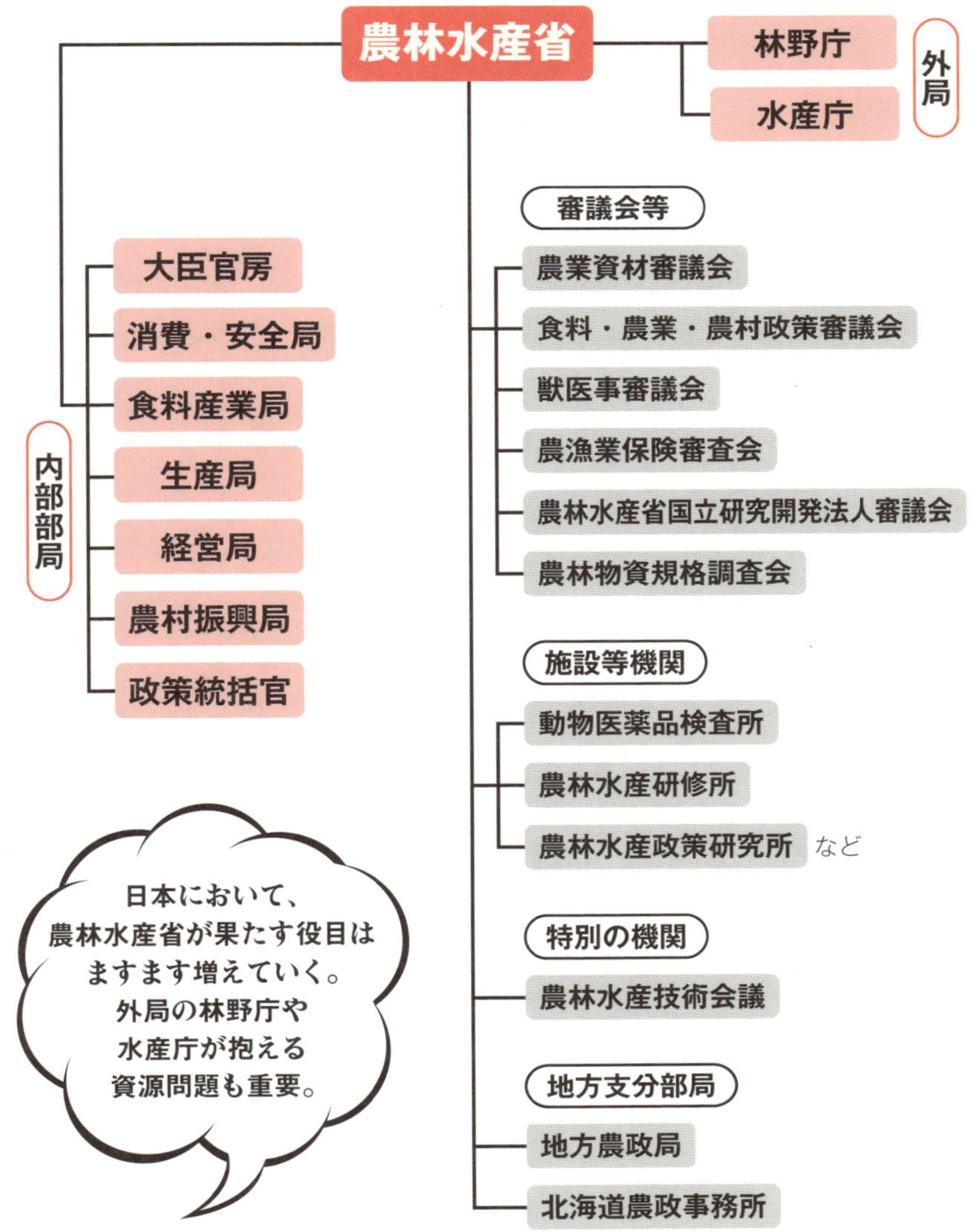
農林水産省
林野庁
水産庁
外局
内部部局
大臣官房
消費・安全局
食料産業局
生産局
経営局
農村振興局
政策統括官
審議会等
農業資材審議会
食料・農業・農村政策審議会
獣医事審議会
農漁業保険審査会
農林水産省国立研究開発法人審議会
農林物資規格調査会
施設等機関
動物医薬品検査所
農林水産研修所
農林水産政策研究所 など
特別の機関
農林水産技術会議
地方支分部局
地方農政局
北海道農政事務所
日本において、農林水産省が果たす役目はますます増えていく。外局の林野庁や水産庁が抱える資源問題も重要。

TPP協定は日本の農林水産業にとっては死活問題⁉

農水省が直面している問題としては、環太平洋パートナーシップ（TPP）協定が挙げられます。これは、太平洋周辺の国々のあいだで、人、モノ、サービス、金の移動をほぼ完全に自由化しようとする国際協定です。

したがって、これには関税が取り払われるという内容も含まれているため、どの農林水産物の関税を撤廃するのかということが問題となっているのです。

TPP協定は、二〇一五年一〇月、日本、アメリカなど一二か国のあいだで大筋合意されましたが、その後、アメリカ大統領に就任したトランプ氏が二〇一七年一月に協定から離脱する大統領令に署名。二〇一八年三月、アメリカを除く一一か国が、新協定に署名し、同年一二月に発効しました。アメリカとも二〇一九年九月に、貿易協定を締結しました。

農水省の外局には林野庁と水産庁がありますが、水産庁の抱える問題では、日本人に馴染みの深いクロマグロの漁獲制限などが挙げられます。最近ではウナギも資源保護の観点から漁獲制限が検討されはじめています。食という、人間にとって絶対不可欠なものを安定して供給できるよう、知恵を絞ってほしいものです。

46

日本経済の発展・向上を目指す経産省

経済産業省

「知的財産立国」を目指す日本の推進を担う経済産業省。「クール・ジャパン」を掲げ、どんどん日本のよさをアピールしてほしいものです。

「クール・ジャパン」で経済を活性化！

日本を豊かな元気のある国にするためには経済活動の活発化が不可欠。経済産業省は、日本経済のあらゆる分野をカバーする官庁です。

一口に経済といっても具体的なイメージはつきにくいかもしれませんが、同省が受け持つ分野は、産業に欠かせない石油や電力、鉄鋼、電気、自動車などのほか、宇宙産業からスーパーまで多岐にわたります。市場を安定化させるために規制政策を行なうのも経済産業省の仕事です。

通商貿易も同省の大きな役割。たとえば、WTO（世界貿易機関）での窓口は外務省ですが、経済産業省の官僚もこの会議に参加し、産業分野での交渉を行なっています。関税を引き下げる交渉や、非関税障壁（関税以外の方法で輸入制限などを行なうこと）をなくす交渉などがこれにあたります。また、農産物貿易や知的財産権の保護などの交渉も重要な仕事です。世界で自由な貿易が行なえる仕組みを、経済産業省はつくっているのです。

また、最近とくに重きを置いているのが「知的財産立国」の実現へ向けた研究開発支援です。日本のロボット開発は他国の追随を許さないほどのトップレベルにあるといわれますが、これを世界に売り込まない手はありません。「日本ブランド」のロボットはおもに産業用として使われ、世界シェアの四割を占めるほどなのです。

現在、世界では「クール・ジャパン」という用語が使われています。これは、日本製のアニメやファッション、ゲームなどが世界ではカッコいいものとして認められていることを言い表した言葉ですが、経済産業省では「クール・ジャパン戦略」を掲げ、それらをもとに、内外での需要を掘り起こして、経済の成長に結びつけようとしているのです。

原子力問題に揺れた経済産業省

経済産業省の外局には、資源エネルギー庁、特許庁、中小企業庁があります。どれも大切な分野ですが、喫緊《きっきん》の課題では、資源エネルギー庁と中小企業庁の役割が重要といえるでしょう。

経済産業省の組織図

経済産業省

- 内部部局
  - 大臣官房
  - 経済産業政策局
  - 通商政策局
  - 貿易経済協力局
  - 産業技術環境局
  - 製造産業局
  - 商務情報政策局
- 外局
  - 資源エネルギー庁
  - 特許庁
  - 中小企業庁
- 施設等機関
  - 経済産業研修所
- 地方支分部局
  - 経済産業局
  - 産業保安監督部等
- 審議会等
  - 産業構造審議会
  - 消費経済審議会
  - 日本工業標準調査会
  - 計量行政審議会
  - 中央鉱山保安協議会
  - 電力・ガス取引監視等委員会
  - 中小企業政策審議会 など

東日本大震災で話題となった原子力安全・保安院も、もともとは経済産業省の所管であった。経済を発展させるための電力（原子力）の確保は今後の課題だが、発送電分離に関する問題も経済産業省の仕事。

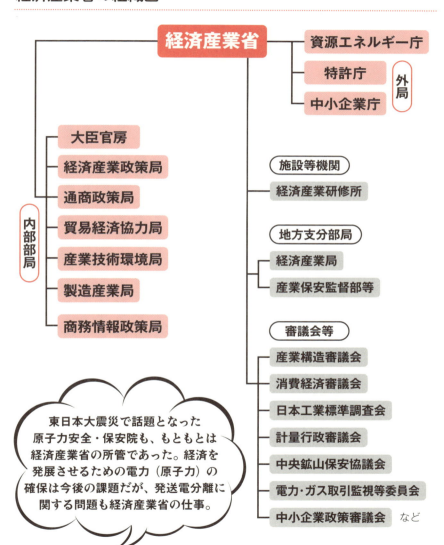

二〇一一（平成二三）年三月の東日本大震災以降、その名がとくに知れ渡った原子力・安全保安院は、もともと資源エネルギー庁の特別の機関でした。

大震災にともなう原発問題が起こってからの同院の対応のまずさや、原発推進派の資源エネルギー庁と近い立場に、原発を規制する側の原子力・安全保安院があることが問題となり、現在では環境省の外局である原子力規制委員会へと移されています。

中小企業を支援するのも、これからの日本の産業の大きな課題です。中小零細企業は、平成以降の不況のなかでずっと喘《あえ》いでいます。ですが、いままでの日本をつくりあげてきたのは中小企業といっても過言ではないほど、貢献してきました。同省では「新創業融資制度」を設けて、無担保・保証人不要で一定の金額を融資する制度などをつくって、その対応にあたっています。

また、被災地にある中小企業や産業を復活させるのも、現実問題としては重要度が高いといえるでしょう。

47
国土の開発と公共事業の多くを担う国交省

国土交通省

日本の国土はもちろん、鉄道、交通、河川、さらには海上の保全まで、領土・領海のあらゆることに関係するのが国土交通省です。

大震災からの復興と領海侵犯問題

省庁再編により、運輸省、建設省、国土庁、北海道開発庁が統合されて生まれた国土交通省。国土の開発はもちろん、鉄道・航空などの交通や河川・港湾などのインフラ設備、さらには海上の安全まで、幅広い範囲をカバーしています。約五万八〇〇〇人（二〇一八年度）と、省庁のなかでは財務省に次いで多い職員数を抱えます。

国土交通省が抱える最近の課題は、東日本大震災からの被災地の復興と、海上の警備ではないでしょうか。

東北の被災地の復興はいまだに進んでいません。復興庁の調べによると、二〇一八（平成三〇）年二月一三日現在の東北（岩手・宮城・福島および上記三県以外の県）における避難者数は約四万人に達し、一九二市区町村に散らばったままです。今後も襲ってこないともかぎらない津波への対策も見直さなければなりません。

また、海上の警備でいえば、中国の海洋監視船が沖縄・尖閣諸島周辺の日本領海に侵入する事件がたびたび起きており、これへの対応は慎重さが求められます。

この事件に対しては、同省の外局に置かれている海上保安庁が対応にあたっていますが、同庁はいわば「海の警察」ですので、必要最小限の武器しかもっていません。そのため、中国の海洋監視船などに対しては警告を発し、できるだけ早く日本の領海から出て行ってもらうような対応しかできないのが現状です。

そして、いまの武装能力では、万が一、武装した中国の漁船が大挙して押し寄せてきた場合、海上保安庁だけでは対処しきれません。有事に備えて、不法な領海侵犯を強制排除できる「領域警備法」の制定が早急な課題となっていますが、その実現性は高いとはいえません。

ムダではない公共事業とは？

国土交通省の仕事は、「公共事業を担う仕事」と言い換えることもできます。道路や上下水道、港湾など、人びとの生活に欠かせないこれらのメンテナンスは、民間企業だけで経営できる能力を超えているからです。

この公共事業ですが、その目的は大きくわけると「公共財の整備」と「雇用対策」

国土交通省の組織図

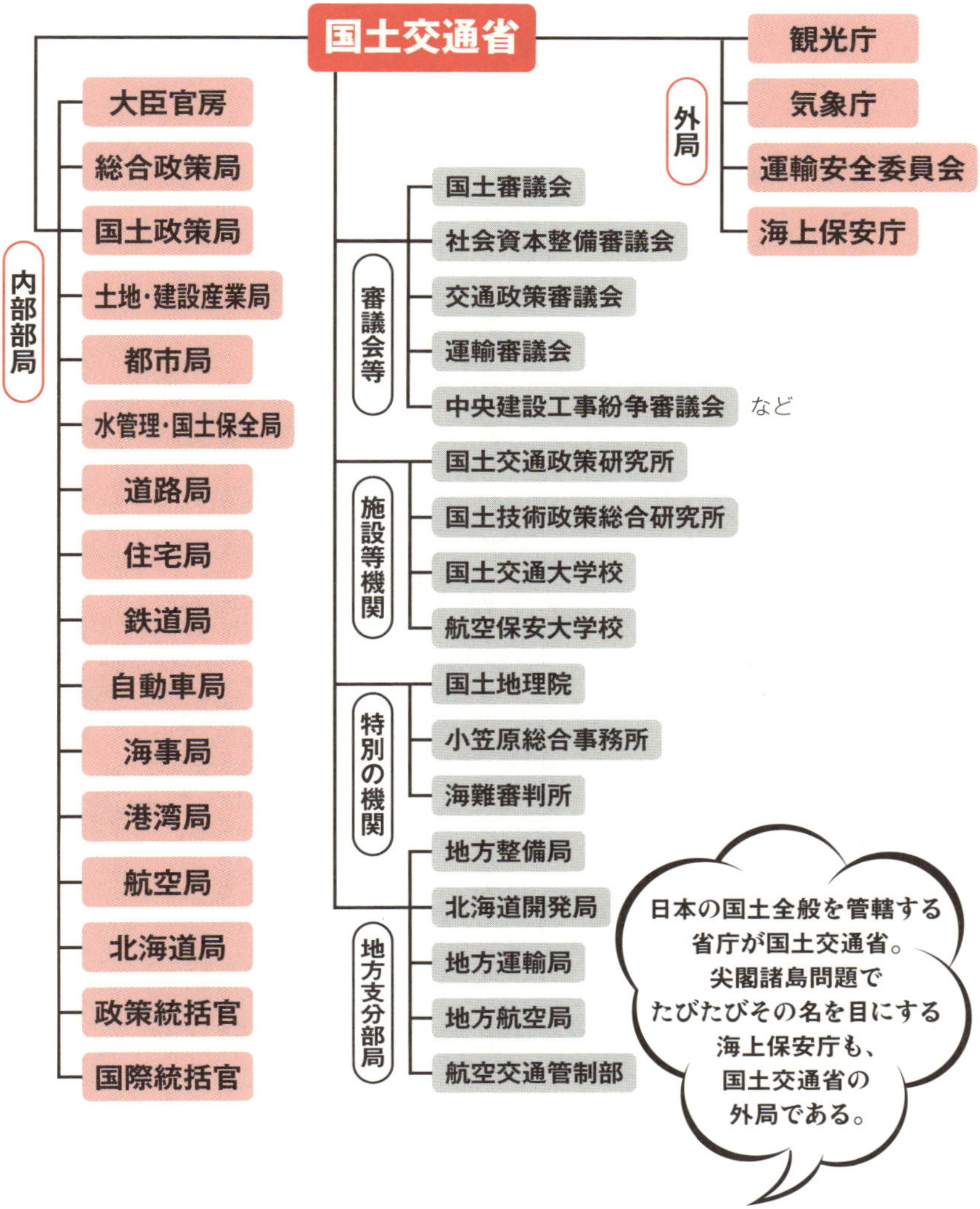

国土交通省
内部部局
大臣官房
総合政策局
国土政策局
土地・建設産業局
都市局
水管理・国土保全局
道路局
住宅局
鉄道局
自動車局
海事局
港湾局
航空局
北海道局
政策統括官
国際統括官
審議会等
国土審議会
社会資本整備審議会
交通政策審議会
運輸審議会
中央建設工事紛争審議会
など
施設等機関
国土交通政策研究所
国土技術政策総合研究所
国土交通大学校
航空保安大学校
特別の機関
国土地理院
小笠原総合事務所
海難審判所
地方支分部局
地方整備局
北海道開発局
地方運輸局
地方航空局
航空交通管制部
外局
観光庁
気象庁
運輸安全委員会
海上保安庁
日本の国土全般を管轄する省庁が国土交通省。尖閣諸島問題でたびたびその名を目にする海上保安庁も、国土交通省の外局である。

の二つがあります。

「公共財の整備」については、国民全般に必要なものの整備を税金でまかなうということです。これは右記の通りです。

そして、「雇用対策」の側面もあるというのは、公共事業を理解する際に欠かせないことがらでしょう。

過疎《かそ》化が目立つ地方では、雇用を生み出すといっても限界があります。その際に役立つのが、雇用対策としての公共事業なのです。

ただし、これには注意しなければならない点があります。

それは、有力国会議員が選挙対策として、地元や支持団体へ利益を誘導するための公共事業の場合です。このときは、本当にそれが必要な公共事業なのかどうかを検討することが不可欠でしょう。

「公共事業は税金のムダ遣い」とはよくいわれるフレーズですが、安倍政権では雇用を生み出すために公共事業の予算を増やす方向を打ち出しています。

災害が頻発しており、時と場合によっては、公共事業もムダではないという考え方は覚えておいた方がいいかもしれませんね。

48

日本のみならず世界の環境を保護する環境省

環境省

地球を次世代に受け継いでいってもらうとき、環境を守るのは現代の地球人の役目。環境省が担っている仕事も、重要度を増しています。

PM2・5の脅威と地球温暖化対策

環境省は二〇〇一（平成一三）年に環境庁から格上げされた、新しい中央省庁の一つです。前身の環境庁が設立されたのも一九七一（昭和四六）年で、六〇年代の高度経済成長と引き換えに発生した公害問題（水俣病・四日市喘息《ぜんそく》など）が国民に深刻な被害を与えるようになり、関心を高めたためでした。

ここ数年、中国の大気汚染で問題となっている「微小粒子状物質（PM2・5）」は、おもに同国の工業地帯から排出される物質で、中国のみならず日本にも飛来しているというデータがあります。

このことから、「いまの中国は、高度経済成長時の日本と同程度の大気汚染に見舞われている」と評されることもありますが、これから考えると、経済発展の途上国によく見られる現象といえるかもしれません。

さて、環境省の当面の課題としては、地球温暖化対策への取り組みが何といっても一番に挙げられるでしょう。

地球温暖化の原因と考えられているのは二酸化炭素ですが、日本は二〇〇九（平成二一）年九月にニューヨークの国連本部で開かれた「国連気候変動サミット」において、鳩山由紀夫首相（当時）が二〇二〇年までに温室効果ガスを一九九〇年比で二五％削減することを表明し、話題となりました。

これは政権を奪取した鳩山元首相が国連外交のデビューを飾ったときの発言で、ほかの先進国と比べても誇れる内容でした。しかし、大幅な削減は経済成長を弱める働きをしかねず、国内経済との連携ないし了解が必要です。そう簡単に解決できる問題ではありません。

一方、先進国の温室効果ガス排出量について、法的拘束力のある数値目標を各国ごとに設定した「京都議定書」は二〇一二年までと定めており、二〇一三年以降のいわゆる「ポスト京都議定書」と呼ばれる新たな枠組みの構築に関しては、二〇一五年にパリ協定が採択されています。

これは、途上国を含むすべての参加国・地域に削減目標の設定を求めた画期的なものですが、トランプ政権となったアメリカが離脱を表明。先行きは不透明です。

環境省の組織図

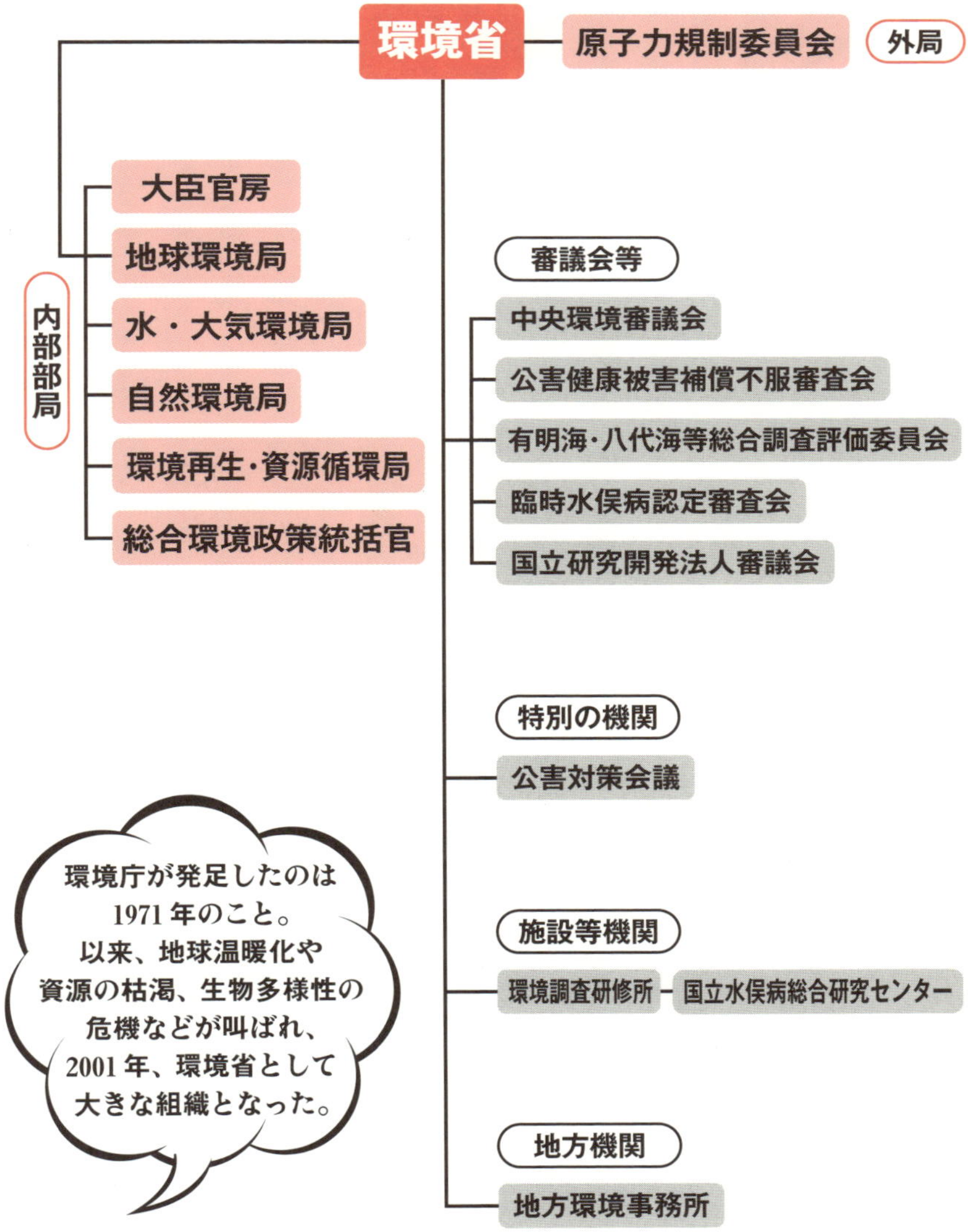
環境省
原子力規制委員会
外局
内部部局
大臣官房
地球環境局
水・大気環境局
自然環境局
環境再生・資源循環局
総合環境政策統括官
審議会等
中央環境審議会
公害健康被害補償不服審査会
有明海・八代海等総合調査評価委員会
臨時水俣病認定審査会
国立研究開発法人審議会
特別の機関
公害対策会議
施設等機関
環境調査研修所
国立水俣病総合研究センター
地方機関
地方環境事務所
環境庁が発足したのは1971年のこと。以来、地球温暖化や資源の枯渇、生物多様性の危機などが叫ばれ、2001年、環境省として大きな組織となった。

野生化したトキの繁殖は三六年ぶり！

環境省の内部部局には自然環境局という部局がありますが、ここであつかっている分野には、国立公園の管理や絶滅危惧種に指定された動植物の保護などが含まれています。

有名なところでは、トキの飼育・繁殖が挙げられます。二〇一二年の繁殖期には一八ペアが営巣し、そのなかの三ペアから八羽（三羽・三羽・二羽）のヒナが誕生しました。野生化でヒナが誕生したのは一九七六（昭和五一）年以来三六年ぶりのことで、巣立ったのは三八年ぶりのことでした。トキの繁殖に関しては、その後も野生復帰の取り組みが積極的に進められ、今後は「二〇二〇年頃に佐渡島内に二二〇羽のトキを定着させる」という目標の達成が期待されています。

また、意外なところでは、「国民公園」として広く人びとに開放されている皇居外苑や新宿御苑、京都御苑なども同省の管轄です。

東日本大震災に付随して起こった福島第一原発事故により、放射能に汚染された水が海へと流れ出てしまうなど、日本発の環境汚染も存在します。グローバルな視野に立った対応が望まれます。

49

自衛隊を統率し、日本の国土を守る防衛省

防衛省

ここ最近の日本の心配事で、防衛省が関わる問題は少なくありません。北朝鮮や中国の脅威にどう立ち向かうのかが注目されています。

尖閣諸島問題や大震災で重要性が高まる自衛隊

防衛省は二〇〇七（平成一九）年に庁から省に格上げされた官庁で、中央省庁のなかではもっとも新しい省です。

北朝鮮による弾道ミサイル発射など、日本の平和や安全を脅かす動きへの対応や、東日本大震災時の被災者救援・支援など、国内外の緊急時に活躍するのが防衛省です。自衛隊は防衛省内の組織ですが、同省と自衛隊はほぼ同じと考えてよいでしょう。

一九五四（昭和二九）年に防衛庁のもとに自衛隊が組織されて以来、「自衛隊不要論」がたびたび議論されてきましたが、先述したような国際情勢や大災害などが懸念される世の中に変わった日本においては、自衛隊の存在意義は日ごとに増しています。

二〇一七（平成二九）年度予算の防衛費は五兆一二五一億円（在日米軍再編経費な

ど を含む) となり、前年度比で一・四%の増額となりました。増額となったのは五年連続のことですが、これは北朝鮮の核・ミサイル開発にともなう弾道ミサイル防衛(BMD=Ballistic Missile Defense)や、中国の海洋進出に対応する南西諸島防衛に注力した結果といえます。

また、将来の防衛態勢を見越した技術開発への投資も行なわれており、六機の最新鋭ステルス戦闘機F35(八八〇億円)、最新鋭「そうりゅう」型潜水艦の音波探知能力などを強化した新型潜水艦(七二八億円)の購入に予算が用いられています。

なお、二〇一八(平成三〇)年度の予算は五兆一九一一億円、二〇一九(平成三一)年度は五兆二五七四億円となっており、ともに前年度から増額となっています。

中国、韓国、北朝鮮、ロシアとの関係性において、日本の防衛費は今後も同じような予算額で推移するものと予想されます。

「シビリアン・コントロール」って、何?

防衛省の任務は、日本の安全と独立を守ることに尽きます。そのための機関として自衛隊(陸上自衛隊・海上自衛隊・航空自衛隊)が組織されています。ほかの省庁と同様、防衛省にも内部部局があり、事務方が内部部局、実働部隊が自衛隊と捉えることができます。

防衛省の組織図

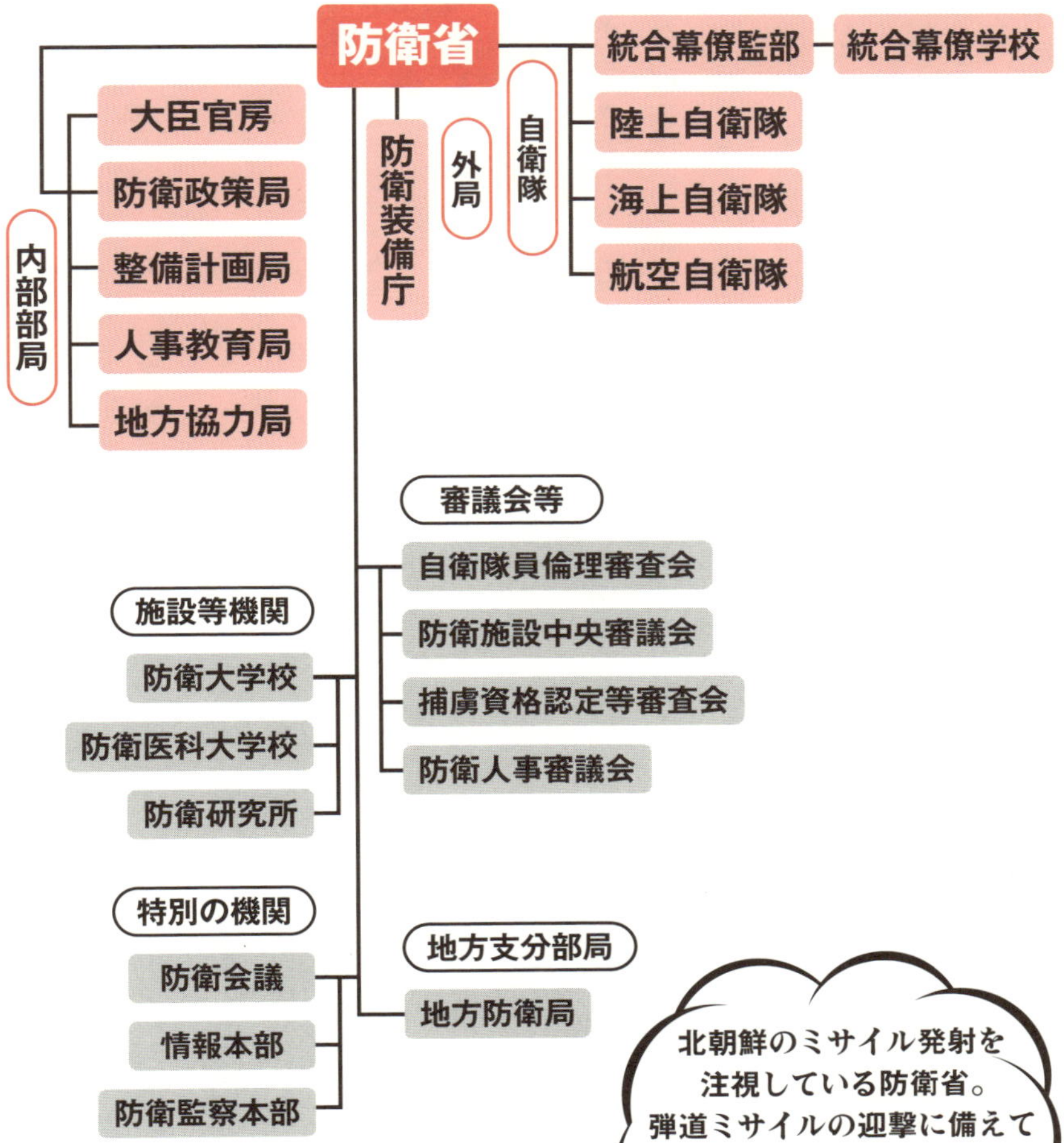

北朝鮮のミサイル発射を
注視している防衛省。
弾道ミサイルの迎撃に備えて
配備されたのがPAC３で、
航空自衛隊が
その任を負っている。

陸上・海上・航空のいずれかの自衛隊に所属しているのが「自衛官」で、約二四万七〇〇〇人（二〇一七年三月末現在）いる彼らは、戦闘服を着ていることから「制服組」と呼ばれ、一方、内部部局で働いている職員は「背広組」と呼ばれています。

太平洋戦争での教訓から、防衛省では「シビリアン・コントロール（文民統制）」が徹底されており、防衛大臣は文民（軍人でない者）の政治家から選ばれ、自衛隊の最高指揮監督権は内閣総理大臣がもっています。つまり、かつてのように、軍人が独自に権限を行使することを禁じているわけですね。

防衛省の施設等機関には防衛大学校や防衛医科大学校、防衛研究所がありますが、防衛大学校で学んだ人が自衛隊の幹部に就くことになっています。なお、防衛省の事務方の幹部には、ほかの省庁と同様、国家公務員試験の総合職試験を経て採用された人から選ばれますが、事務方の職員も実は自衛隊員の身分をもっています。つまり、防衛省では、防衛大臣ら政治家以外は、全員自衛隊員なのです（自衛官とは別）。

また、防衛省の大切な任務としては、アメリカとの協力関係（日米安保条約）を守り、お互いに信頼を高め合うことが挙げられます。中国の脅威が日に日に増している現代においては、アメリカとの連携を強固にすることで中国への牽制にすることができますが、ただ、アメリカがどこまで日本を守ってくれるのかは実際のところ定かではありません。

アメリカのトランプ大統領は、大統領選挙のとき、「アメリカ軍は日本や韓国から撤退すべき」と訴えていました。この考えは何も突飛なものではなく、実際問題として同国には軍事費の圧縮を望む識者も少なくありません。

また、二〇一八（平成三〇）年四月に韓国と北朝鮮の首脳会談が成功裏に行なわれたことにより、朝鮮戦争の終結に向けての道筋が敷かれました。これにともない、今後、韓国のアメリカ軍が撤退する可能性も捨て切れません。そうなれば、日本はますます自国で安全を確保する必要に迫られることになります。

また、アメリカとの関係では、アメリカ軍の最新鋭輸送機「オスプレイ」の配備問題も、避けて通れない問題といえます。二〇一六（平成二八）年一二月、沖縄県名護《なご》市安部の海岸にアメリカ軍普天間《ふてんま》飛行場所属のオスプレイが墜落。県内ではじめて負傷者を出したこの事故は、沖縄の人びとに強い衝撃を与えました。

もちろん、戦争は絶対に引き起こしてはなりませんが、「専守防衛」をさらに確実なものとするための備えは必要です。

東日本大震災における自衛隊員の大活躍も記憶に新しいところ。今後はますます、防衛省の重要性が高まることでしょう。

Column 5

「ドロップアウト」した元官僚たち

官僚のトップは事務次官ですが、同期入省でこの地位に辿り着くのは１人だけ。その他の官僚は、40歳を過ぎるとさまざまな道を歩みはじめます。

なかでも、「元官僚」という肩書で有名なのは、テレビなどでコメンテーターとして登場する方々でしょう。慶應義塾大学大学院教授の岸博幸氏は元経済産業省の官僚ですし、官僚の内幕を描いた著書を数多く出版している古賀茂明氏も元経済産業省、高橋洋一氏は財務省の出身です。

また、官僚の内情を小説仕立てで発表した佐藤優《まさる》氏は元外務省、テレビでニュースキャスターを務めている村尾信尚氏は元財務省の官僚でした。

ただし、これらの方々はテレビのコメンテーターで生計を立てているわけではなく、先述のように、大学教授、作家など、主たる仕事に就いたうえで出演しているようです。

また、変わったところではラーメン店に転職したという人もいます。元国土交通省の官僚だった大蔵義一氏は「生まれも育ちもコテコテの大阪人」で、大阪を中心に、現在では10店舗以上のラーメン店を経営しています（上記のカッコ内は同氏が経営するラーメン店グループのＨＰより）。モットーは「大胆不敵」だそうですが、官僚からラーメン店の経営者という同氏の人生そのものといえるでしょう。

そのほか、政治家や一般企業へ転職するのも元官僚に見られるケースです。

ただ、これはいまにはじまったことではなく、昔から見られたことです。たとえば、現在の政治家でいえば、片山さつき氏は元財務省の主計局主計官ですし、江田憲司氏は通産省（現在の経済産業省）の出身となっています。

6章

まるわかり！内閣の仕事

50 かつての総理大臣の在任期間が短かった理由

総理大臣の在任期間

安倍晋三氏の首相復帰以前には、一年に一人は代わるといわれた日本の総理大臣。ただ、こんなことが起こるのにもさまざまな要因があったようです。

総理大臣がコロコロ変わる理由

二〇二三年四月現在の内閣総理大臣は岸田文雄氏で、内閣としては「第二次岸田改造内閣」となります。

では、ここで質問です。一九九〇（平成二）年以降、この第二次岸田政権までで総理大臣の座に就いた人物は何人いるでしょうか？

正解は、一七人です。岸田氏の前の故安倍晋三氏は、時を隔てて二回総理に就任し、長く政権を維持しましたが、このようなケースは非常に稀です。

岸田氏までで一七人が総理になっているわけですが、このなかには小泉純一郎氏の長期政権（通算一九八〇日）も含まれますので、この小泉氏と安倍氏を除けば、ほぼ一年に一度総理が入れ替わっていたといっても過言ではありません。

ここ18年の総理の変遷

（出典：首相官邸）

代	総理	在任期間
第89代	小泉純一郎	2005年9月21日～2006年9月26日
第90代	安倍晋三	2006年9月26日～2007年9月26日
第91代	福田康夫	2007年9月26日～2008年9月24日
第92代	麻生太郎	2008年9月24日～2009年9月16日
第93代	鳩山由紀夫	2009年9月16日～2010年6月8日
第94代	菅直人	2010年6月8日～2011年9月2日
第95代	野田佳彦	2011年9月2日～2012年12月26日
第96代	安倍晋三	2012年12月26日～2014年12月24日
第97代	安倍晋三	2014年12月24日～2017年11月1日
第98代	安倍晋三	2017年11月1日～2020年9月16日
第99代	菅義偉	2020年9月16日～2021年10月4日
第100代	岸田文雄	2021年10月4日～2021年11月10日
第101代	岸田文雄	2021年11月10日～

では、なぜ日本の総理大臣はこのようにコロコロと代わっていたのでしょうか？

それは、衆参両院の選挙が頻繁にあったためと考えられます。

先述のように、衆議院の任期は四年ですが、任期満了を待たず解散総選挙が行なわれることがあります。一方の参議院は、三年ごとに半数を改選するための通常選挙が行なわれます。

では、選挙と総理がなぜ関係があるのかといえば、経済や政治の情勢が安定して首相の人気が高いときはとくに問題ありませんが、政治スキャンダルや極端な経済悪化などがクローズアップされると、政権の求心力が弱まり、党首を交代してから選挙に挑もうという気運が与党内で高まるからです。

日本の場合、与党の党首＝総理ですから、与党は選挙勝利を優先し、先に党首を代えることもあるわけです。

なお、アメリカ大統領の場合は、国民が直接選んだという背景があるため、上下両院で弾劾されない限り、四年間のあいだに解任されることはありません（最長は八年〈二期〉）。イギリスの場合は、選挙があるのは下院のみで、与党が勝ち続ければ同じ人物をずっと首相に据えていても構いません。首相に任期がないのは日本と同じです。

日本の政治的な代表である総理大臣が頻繁に代わると、各国首脳との信頼関係を結ぶことに支障が出ます。

北方領土問題などは、交渉当時の総理が代わらずにいたら、いまごろは解決していたという意見もあります。

51

総理大臣の一日はどうなっている？

総理大臣の日常

日本で一番忙しいのが総理大臣かもしれません。新聞などでは、その日の総理大臣の一日の予定を見ることができます。

新聞の紙面からわかる「首相の一日」

総理大臣は一日をどのように過ごしているのでしょうか？

一つひとつの職務内容はともかく、その概略は、毎日の新聞を見れば一目瞭然です。各新聞には、記者が見たり取材したりして総理大臣の一日を追ったものが掲載されています。「首相官邸」（日本経済新聞）、「首相の一日」（東京新聞）などがそれにあたります。

では、ここで「東京新聞」に掲載された二〇一八（平成三〇）年三月二〇日の安倍総理の一日を抜粋してみましょう。

【午前】8時23分、公邸から官邸。32分、閣議。10時25分、佐々江賢一郎駐米大使。

11時4分、「北方領土を考える」高校生弁論大会受賞者の岸本万尋さんらの表敬。
【午後】0時4分、山口那津男公明党代表と与党党首会談。2時10分、フィンランドのリシッコ国会議長の表敬。34分、谷内正太郎国家安全保障局長、秋葉剛男外務事務次官。3時、森健良、山崎和之両外務審議官。38分、上月豊久駐ロシア大使、秋葉外務事務次官。4時2分、東京・内幸町の飯野ビル。イイノホールで宇宙開発利用大賞表彰式。41分、官邸。42分、北川知克自民党広報戦略局長。5時11分、鈴木哲外務省総合外交政策局長、防衛省の前田哲防衛政策局長、本松敬史統合幕僚副長。6時5分、英国のメイ首相と電話会談。55分、公邸。中山太郎元衆院憲法調査会長、自民党憲法改正推進本部の細田博之本部長、高村正彦、保岡興治両特別顧問と会食。8時28分、全員出る。宿泊。

まさに分刻みのスケジュールで総理が働いていることがわかります。この日は、公明党の党首である山口氏と長い時間会っていたことが読み取れます。

このように忙しい日もある一方で、翌日のスケジュールはゆったりしています。

【午前】9時36分、公邸から皇居。春季皇霊祭・神殿祭の儀。10時50分、東京・富ケ谷の私邸。
【午後】来客なく、私邸で過ごす。

総理のおもな仕事

国会

総理の国会での初仕事は「施政方針演説」（通常国会）や「所信表明演説」（臨時国会）。自分が率いる内閣が今後どのように政治を進めていくのかを表明する。憲法（63条）により、総理は国会から求められれば出席しなければならない。

国際会議

G7サミットやG20サミット、国連総会など、世界各国の首脳が集まる会議に出席する。これらの国際会議には二国間会合なども含まれ、総理が行なう外交のなかでももっとも重要なものとなる。

表敬・視察

オリンピックで金メダルをとった選手との面会や、各界の著名人、市民代表などの訪問（表敬）を受ける。事故が起こったり、話題の案件がある場合は視察を行なう。

会議・会合

火・金曜日の午前中に行なわれる閣議や、政策ごとに開かれる会議、委員会などに出席する。また、各国の要人が来日すれば会談を行なう。

内閣総理大臣は、
国の政治で
どのような役割を
担っているのだろう？

安倍氏は総理大臣の居住スペースのある公邸ではなく、富ケ谷の自宅で思索を練ることが多いようです。

ちなみに、首相官邸には、外に面した複数の出入り口があり、周囲に気付かれずに総理大臣が人と会うことはあります。

また、ホテルやレストランなどの個室を抜け出して、別の部屋で重要人物らと密会することもあり、このことを「籠抜《かごぬ》け」といいます。

なぜ大相撲に内閣総理大臣杯があるの？

総理大臣は内閣のトップに位置すると同時に、政党（安倍氏の場合は自民党）のトップでもあります。先の「首相の一日」に、「山口那津男公明党代表と与党党首会談」とあるのはそのためです。

また、総理大臣は行政上の権限においては日本のトップですから、たとえば東日本大震災の式典などといった国家の重要式典に出席するのも、当然の仕事として位置付けられます。大相撲の千秋楽、優勝力士に贈られる賞に内閣総理大臣杯があるのも、大相撲が日本の国技であると認められているからにほかなりません。

日本のあらゆることがらのトップにいるのが、内閣総理大臣なのです。

52

総理大臣はどうやって選ばれるの？

総理大臣の選出方法

なぜ日本国民は総理大臣を直接選ぶことができないのか？　また、第一党の党首が総理大臣に就くのはなぜなのか？

日本国民は総理大臣を選べない⁉

わたしたち日本国民は、アメリカ国民が大統領を決めるように、総理大臣を直接選挙で選ぶことができません。総理大臣を直接選んでいるのは国会議員で、彼らを通して自国のトップを間接的に決めていることになります。

これは「議院内閣制」というシステムを日本が採用しているためで、衆議院総選挙が終わったあとに召集される特別国会において、新たな総理大臣が選び出されます。解散前の総理大臣が再びその座に就くこともあり、国会で首相に二回指名されると「第二次〇〇内閣」と呼ばれます。

なお、二〇一七（平成二九）年一一月一日に発足した安倍内閣の場合は、「第四次安倍内閣」と呼ばれています。二〇一八（平成三〇）年一〇月に第四次安倍改造内閣、二〇一九（令和元）年九月に第四次安倍再改造内閣がそれぞれ発足しました。

総理大臣の決定は衆参両院での「指名選挙」によって行なわれ、国会の指名にもとづいて天皇が任命する運びとなります（憲法六条）。衆院が解散したことによって、日本の意思決定機関が不安定な状態になっていますので、総理大臣の指名は何よりもまず先に行なわれなければなりません。

記名投票でなされる衆参の指名選挙で、衆参で別の人が選ばれた場合は、両院の代表者によって両院協議会を開いて決めることになりますが、それでもまとまらない場合、あるいは衆議院の指名後一〇日以内に参議院が指名しない場合は、衆議院の議決が国会の議決となります。

ここでも衆議院の優越が認められているわけですね。

第一党の党首以外が総理大臣になることも

この仕組みから考えると、本来、総理大臣には衆議院の第一党の党首がそのままスライドする形で就任することになります。

ただし、これにも例外はあります。

代表的なところでは、解散・総選挙後の一九九三（平成五）年に細川護熙《もりひろ》氏が総理大臣になったケースが挙げられます。

総理（首相）の選出方法

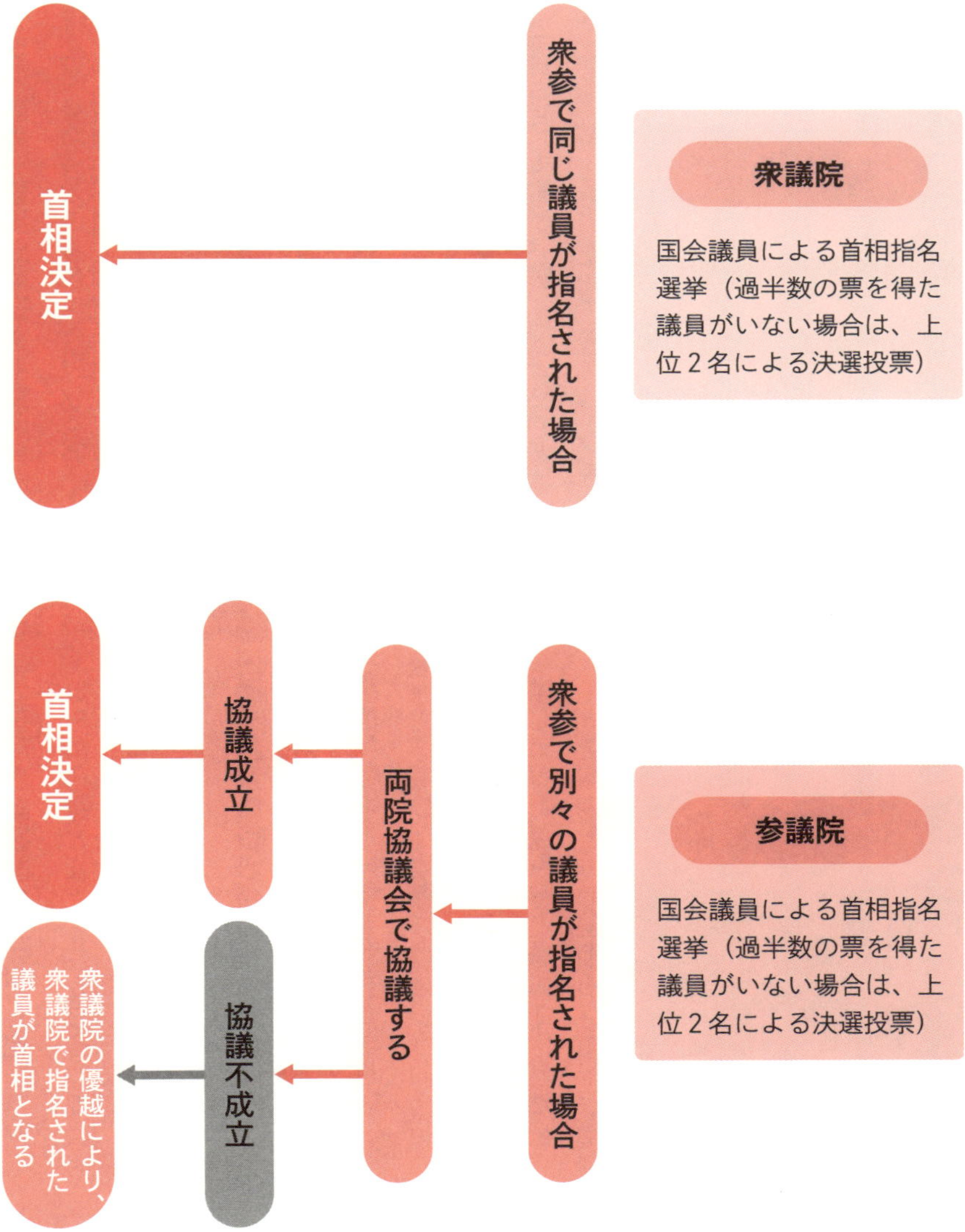
衆議院
国会議員による首相指名選挙（過半数の票を得た議員がいない場合は、上位2名による決選投票）
参議院
国会議員による首相指名選挙（過半数の票を得た議員がいない場合は、上位2名による決選投票）
衆参で同じ議員が指名された場合
首相決定
衆参で別々の議員が指名された場合
両院協議会で協議する
協議成立
首相決定
協議不成立
衆議院の優越により、衆議院で指名された議員が首相となるこのとき、細川氏は日本新党という小さな政党の党首で、衆議院の比較第一党は自民党でした。ところが、自民党は過半数になく、それ以外のほとんどの党がこぞって集まり、「非自民政権」の樹立を掲げ、連立政権を誕生させます。それが、細川内閣でした。

なお、細川内閣は、政権基盤が弱かったので、国民福祉税構想を発表して以降、連立与党内の軋轢《あつれき》が表面化し、わずか八か月という短命政権で終わりました。

また、日本社会党（現在の社会民主党）の村山富市氏が総理大臣になったときも同様で、比較第一党であった自民党などとの連立によって誕生した政権でした。

かつて世間を大いに賑わした「森友・加計問題」の余波は、現在では終息しているように思えますが、野党第一党である立憲民主党をはじめ、野党も勢力を弱体化させたわけではありません。いつかまた、細川内閣のような政権が誕生する日がこないとはいいきれません。

53

自民党の総裁はどんな方法で選ばれるの？

自民党総裁選

衆参両院議員と一般党員の投票によって行なわれる自民党総裁選。二〇一八年九月の選挙は、安倍氏が「連続三期九年」を成し遂げるかどうかがカギになります。

自民党総裁は、連続三期九年まで就くことができる

二〇一八（平成三〇）年の政治を語る上で欠かせないキーワードとして、「憲法改正」「北朝鮮」とともに挙げられるのが「自民党総裁選」です。

自民党総裁選とは、自民党の党首である総裁を選出する選挙のこと。自民党の党則（第六条）および総裁公選規程により、原則として、自民党に所属している三七九人の議員（二〇二二年九月現在）、党員（党の構成員）、自由国民会議の会員、国民政治協会の会員による公選によって選び出されます（総裁が任期中に欠けた場合で、緊急の事態により正規の総裁選が行なえない場合は、「党大会に代わる両院議員総会」における投票によって新総裁を選出する場合もあります）。総裁に立候補する人は二〇人の国会議員を推薦人として集める必要があり、この縛りによって、過去、世間的には高評価の政

治家が立候補を泣く泣く断念したこともあります。

二〇一五（平成二七）年九月の安倍首相の二期目となる総裁選においては、現総務大臣である野田聖子氏が立候補を目指しましたが、九月八日の告示日までに推薦人を集めることができず、断念しています。この総裁選は、二〇〇一（平成一三）年八月の小泉純一郎元首相以来、およそ一四年ぶりの無投票による再選でした。

これまでの自民党の総裁の任期は「連続二期六年」となっていましたが、二〇一七（平成二九）年三月五日に開かれた党大会において、「連続三期九年」とする党則改正案が了承されました。

これに伴い、二〇一八年九月に連続二期目の総裁の任期が満了を迎えた安倍晋三首相が三期目に選出され、総裁任期は東京オリンピック・パラリンピック競技大会の開催を過ぎた二〇二一年九月にまで延長されました。

これは、「自民党総裁選」と比肩する政治の主要課題である「憲法改正」と「北朝鮮」の問題解決を背景として、当時は高い支持率を保持してきた安倍氏の思惑通りといっていいかもしれません。

「ポスト安倍政権」を担う人物は誰なのか？

ところが、二〇一七年ににわかに巻き起こった「森友・加計問題」に端を発する安

自民党の歴代総裁

代	総裁名	在任期間	派閥
初代	鳩山一郎	1956年4月5日 ～ 12月14日	鳩山派
第2代	石橋湛山	1956年12月14日 ～ 1957年3月21日	石橋派
第3代	岸信介	1957年3月21日 ～ 1960年7月14日	岸派
第4代	池田勇人	1960年7月14日 ～ 1964年12月1日	池田派
第5代	佐藤栄作	1964年12月1日 ～ 1972年7月5日	佐藤派
第6代	田中角栄	1972年7月5日 ～ 1974年12月4日	田中派
第7代	三木武夫	1974年12月4日 ～ 1976年12月23日	三木派
第8代	福田赳夫	1976年12月23日 ～ 1978年12月1日	福田派
第9代	大平正芳	1978年12月1日 ～ 1980年6月12日	大平派
第10代	鈴木善幸	1980年7月15日 ～ 1982年11月25日	鈴木派
第11代	中曽根康弘	1982年11月25日 ～ 1987年10月31日	中曽根派
第12代	竹下登	1987年10月31日 ～ 1989年6月2日	竹下派
第13代	宇野宗佑	1989年6月2日 ～ 8月8日	中曽根派
第14代	海部俊樹	1989年8月8日 ～ 1991年10月30日	河本派
第15代	宮沢喜一	1991年10月31日 ～ 1993年7月30日	宮沢派
第16代	河野洋平	1993年7月30日 ～ 1995年9月30日	宮沢派
第17代	橋本龍太郎	1995年10月1日 ～ 1998年7月24日	小渕派
第18代	小渕恵三	1998年7月24日 ～ 2000年4月5日	小渕派
第19代	森喜朗	2000年4月5日 ～ 2001年4月24日	森派
第20代	小泉純一郎	2001年4月24日 ～ 2006年9月30日	森派→無派閥
第21代	安倍晋三	2006年10月1日 ～ 2007年9月23日	森派
第22代	福田康夫	2007年9月23日 ～ 2008年9月22日	町村派
第23代	麻生太郎	2008年9月22日 ～ 2009年9月16日	麻生派
第24代	谷垣禎一	2009年10月1日 ～ 2012年9月26日	古賀派
第25代	安倍晋三	2012年9月26日 ～ 2020年9月14日	町村派→細田派
第26代	菅義偉	2020年9月14日 ～ 2021年9月29日	無派閥
第27代	岸田文雄	2021年9月29日 ～	岸田派

倍政権への不信は、安倍晋三夫人である昭恵氏の数々の言動や、翌年三月、国有地の売却に関わった財務省近畿財務局の職員の自殺、そして、財務省の元理財局長で国税庁長官であった佐川宣寿《さがわのぶひさ》氏が同月に依願退官したことなどにつれて、徐々に増していきました。

ＮＨＫの世論調査によると、二〇一八年三月において、安倍政権を支持すると答えた人が四四％だったのに対し、支持しないと答えた人は三八％と拮抗《きっこう》していました。政党支持率では、自民党が三六・三％、立憲民主党が一〇・一％、公明党が三・一％と、他党を大きく引き離しているものの、一気に野党に傾いてしまうのが世間の「風」というもの。当時もいまも、油断はまったくできません。

一方、党内でもポスト安倍政権を狙っている政治家は少なくありません。憲法改正の進め方で安倍政権と一線を画してきた石破茂氏、外務大臣として首相を支え、「禅譲《ぜんじょう》」路線を基本戦略とする政調会長の岸田文雄氏、初の女性総理の呼び声も高い野田聖子氏、多くのアメリカの要人と親交があり、元衆議院議長の河野洋平氏を父にもつ河野太郎氏、令和を発表した官房長官の菅義偉《すがよしひで》氏も総裁を担う立場にいるといえるでしょう。実際、安倍氏の後は、菅義偉氏、岸田文雄氏がその立場となりました。

自民党総裁選をめぐる各政治家の動きは目まぐるしく、国会内や世の中の動きとも連動しており、誰が選ばれてもおかしくはありません。

54

組閣は誰がどのようにしてやっている？

組閣の仕組み

総理大臣が決まると、真っ先に行なわれるのが「組閣」です。総理大臣が夜遅くまでかかって決めるこの組閣、どのように行なわれるのでしょうか。

「適材適所」はきちんと機能しているのか

国会の指名選挙で選ばれた総理大臣が新しい内閣を組織することを「組閣《そかく》」といいます。憲法によって決められていることは、国務大臣（閣僚）の半分を国会議員から選ばなければならないということだけで、あとは総理大臣が自由に国務大臣を任命することができます。

内閣法によると、国務大臣の数は一四人（復興庁廃止と東京オリンピック・パラリンピック開催までのあいだは一六人）以内と定められていますが、特別に必要がある場合は三人まで増やすことが可能です。つまり、国務大臣は一七人（同、一九人）まで置くことができるということですね。

先に、「総理大臣が自由に国務大臣を任命することができる」と述べましたが、小泉純一郎元首相の前の時代までは、それはあくまで建前で、実際は自民党内の各派閥が作成する閣僚推薦リストをもとに、各派閥に配慮した人事が行なわれるのが常でした。

ですから、各省庁の大臣に就く人物は「適材適所」の論理でなったわけではなく、それまでの当選回数や派閥内での地位によって大臣になるケースが多かったわけです。

その派閥の論理を壊したのが小泉氏で、「自民党をぶっ壊す」というフレーズのもと、派閥を無視した人事を行ないました。小泉氏の閣僚選びは「一本釣り人事」などと呼ばれていたので、ご記憶の方も多いのではないでしょうか。

「内閣改造」の本当の意味とは？

小泉純一郎元首相以降、それまでのような派閥の論理を重視した組閣は影を潜めていますが、一定ていど配慮した人事が行なわれているといってよいでしょう。

第一次安倍内閣の場合は盟友や側近で固めたため、「お友達内閣」と揶揄《やゆ》され、第二次安倍内閣でも「反石破」の人事が行なわれているとの見方もありました。組閣には不満をおさえ、首相自身の足下を強化する狙いもあるので、あるていど派閥やグループに配慮するのは致し方ないことではあり、適材適所に大臣を任命するというのはそれだけ難しいことなのでしょう。

第4次安倍内閣の顔ぶれ

役職	氏名	経歴・政歴等	年齢
内閣総理大臣	安倍晋三	自民党幹事長、官房長官、首相。成蹊大。	63
財務大臣・内閣府特命大臣（金融）・デフレ脱却担当	麻生太郎	外相、自民党幹事長、首相。学習院大卒。	77
総務大臣・女性活躍担当・内閣府特命担当大臣（男女共同参画・マイナンバー制度）	野田聖子	郵政大臣、内閣府特命担当大臣（科学技術政策・食品安全）。上智大卒。	57
法務大臣	上川陽子	内閣府特命担当大臣（少子化対策・男女共同参画）。東大卒。	65
外務大臣	河野太郎	法務副大臣、国務大臣、国家公安委員会委員長。米ジョージタウン大卒。	55
文部科学大臣・教育再生担当	林芳正	内閣府副大臣、防衛大臣、農林水産大臣。東大卒。	57
厚生労働大臣・働き方改革担当・拉致問題担当・内閣府特命担当大臣（拉致問題）	加藤勝信	内閣府大臣政務官、党副幹事長、国務大臣（一億総活躍担当など）。東大卒。	62
農林水産大臣	齋藤健	埼玉県副知事、農林水産副大臣。東大卒。	58
経済産業大臣・産業競争力担当・ロシア経済分野協力担当・原子力経済被害担当・内閣府特命担当大臣（原子力損害賠償・廃炉等支援機構）	世耕弘成	内閣総理大臣補佐官、内閣官房副長官。早稲田大卒。	55
国土交通大臣・水循環政策担当	石井啓一	財務副大臣、公明党政務調査会長。東大卒。	59
環境大臣・内閣府特命担当大臣（原子力防災）	中川雅治	環境事務次官、自民党総務会長代理。東大卒。	71
防衛大臣	小野寺五典	外務副大臣、沖縄及び北方問題に関する特別委員会委員長。東京水産大卒。	57
内閣官房長官・沖縄基地負担軽減担当	菅義偉	総務副大臣、総務大臣、自民党幹事長代行。法政大卒。	69
復興大臣・福島原発事故再生総括担当	吉野正芳	環境副大臣、衆議院東日本大震災復興特別委員長。早稲田大卒。	69
国家公安委員会委員長・国土強靭化担当・内閣府特命担当大臣（防災）	小此木八郎	経済産業副大臣、自民党副幹事長、自民党筆頭副幹事長。玉川大卒。	52
内閣府特命担当大臣（沖縄及び北方対策・消費者及び食品安全・海洋政策）・領土問題担当	福井照	文部科学副大臣、自民党政務調査会副会長、自民党国際局長。東大卒。	64
一億総活躍担当・情報通信技術（IT）政策担当・内閣府特命担当大臣（少子化対策・クールジャパン戦略・知的財産戦略・科学技術政策・宇宙政策）	松山政司	自民党副幹事長、外務副大臣、参議院議院運営委員長。明治大卒。	59
経済再生担当・人づくり革命担当・社会保障・税一体改革担当・内閣府特命担当大臣（経済財政政策）	茂木敏充	外務副大臣、国務大臣（沖縄・北方、科学技術、IT担当）経済産業大臣。東大卒。	62
内閣府特命担当大臣（地方創生・規制改革・まち・ひと・しごと創生担当・行政改革担当・国家公務員制度担当）	梶山弘志	国土交通大臣政務官、自民党副幹事長、衆議院災害対策特別委員長。日大卒。	62
東京オリンピック競技大会・東京パラリンピック競技大会担当	鈴木俊一	環境大臣、外務副大臣、衆議院東日本大震災復興特別委員会委員長。早稲田大卒。	64

※データ等は2018年2月27日現在のもの。　※経歴・政歴等はおもなものを掲載。

また、組閣に関していえば、「内閣改造」という言葉もよく耳にします。

これは、内閣がその時々で直面する政治課題に対応する布陣をしくためという理由もありますが、党内の不満を解消するという側面もあります。国会議員には、生涯に一度は国務大臣を経験してみたいという人が多いですから、首相としては敵に回すのではなく、内閣改造を行なって、数多くの議員を大臣の座に就かせ、恩を売るという面もあります。

大臣は各中央省庁のトップですから、こんな理由でコロコロと代わっていてはいけません。大臣が頻繁に代わることによって、官僚が「自分たちがしっかりしていなければいけない」と感じてしまいます。官僚主導の政治になってしまうのには、それなりの理由があるのではないでしょうか。

ちなみに、総理大臣に万が一のことがあった場合、総理の代理を任されるのも国務大臣です。これを「内閣総理大臣臨時代理」といいます。

臨時代理は第五位まで指定され、二〇一七（平成二九）年八月現在では、①麻生太郎副総理・財務大臣、②菅義偉《すがよしひで》内閣官房長官、③茂木《もてぎ》敏充《としみつ》経済再生担当大臣、④野田聖子総務大臣、⑤林芳正文部科学大臣、となっています。

55

そもそも「与党」と「野党」とは？

与党と野党

与党と野党の役割にはどのようなものがあるのでしょうか。また、国会での活動の単位「会派」とは何でしょうか？

いまや、与党と野党のあいだに違いはない!?

「与」という文字には「預かる」という意味がありますが、これより考えると、与党とは「政権を預かっている政党」といえます。一方、「野党」とは「政権の外（野）にいる政党」のことです。なお、与党とは必ずしも第一党のみを指すのではなく、政権側に与《くみ》している政党は、皆、与党と呼ばれます。

現在でいえば、与党（衆議院）は自民党、公明党で、野党は立憲民主党、希望の党、国民民主党、日本共産党、日本維新の会、自由党、社民党などとなります。

かつて自民党が社会党と対立していた、いわゆる「五五年体制」（一九五五〈昭和三〇〉年から見られた、自民党と社会党が対立する構図）では、与党と野党のあいだにはイデオロギー（政治や社会のあるべき姿についての理念の体系）の違いが明確に見られましたが、その後、与党第一党の自民党とかつての野党第一党の民主党のあいだに明らかなイデオロギーの違いが見られなかった時代もあります。二〇一二（平成二四）年八月、消費税増税法が可決・成立しましたが、参議院本会議において賛成したのは民主党、自民党、公明党という、当時の与党と野党でした。一方で、与党の民主党議員六人が反対票を投じ、造反しました。このことから読み取れるように、与党と野党にわかれているものの、個人のイデオロギーが優先されることもあるのです。

現在の野党第一党である立憲民主党は、「まっとうな政治。」をスローガンに、九条改憲や消費税増税に反対し、原発ゼロを訴えるなど、自民党との対決姿勢を明確に打ち出しています。

ちなみに、自民党が野党に転落する前に新聞やニュースで取り沙汰された「大連立」とは、与党と野党第一党がタッグを組むことによって、国会のなかで絶対的な多数を占め、安定した政治状況の下、迅速《じんそく》に政策を遂行していくことを指します。

国会内の「会派」って、何？

議院内において共同で行動する団体を「会派《かいは》」と呼びます。原則として、同じ政党に属する議員は同じ会派に属し、多数の議員が所属する自民党であれば、政党名と会派名は同じです。ところが、議員が少ない政党の場合、無所属議員などを取り込んで、

会派名および会派別所属議員数（衆議院）

会派名	会派略称	所属議員数
自由民主党	自民	283（22）
立憲民主党・市民クラブ	立憲	55（13）
国民民主党・無所属クラブ	国民	39（2）
公明党	公明	29（4）
無所属の会	無会	13（1）
日本共産党	共産	12（3）
日本維新の会	維新	11（1）
自由党	自由	2（0）
社会民主党・市民連合	社民	2（0）
希望の党	希望	2（0）
無所属	無	17（1）
欠員		0
計		465（47）

（※カッコ内は女性議員数で、内数）（2018年5月9日現在）

より大きな会派になろうとします。この場合、政党名と会派名は異なることになり、衆議院では立憲民主党は「立憲民主党・市民クラブ」という会派名で行動しています。

国会法により、会派の所属議員数によって委員会の委員の割り当てや質問時間、立法事務費などが増減するので、会派を大きく保つことが必要となるわけです。

会派は二人以上で成り立たせることができますが、国会運営で重要な役目となる議院運営委員会に理事を送り込むことができるのは、衆議院は二〇議席、参議院は一〇議席以上をもつ会派にかぎられます。

56

副大臣・政務官は何をする人？

副大臣と政務官

大臣をサポートする副大臣、そして彼らを支えるのが政務官と事務次官です。中央省庁再編にともなって創設された副大臣と政務官の仕事とは？

経験が浅い議員が就いていた政務次官

現在、中央省庁のトップである大臣の下には、「副大臣」と「政務官」が置かれています。これは二〇〇一（平成一三）年に行なわれた中央省庁の再編にともなって設置された役職で、両方とも国会議員から選ばれてその任に就きます。

その前までは「政務次官」というポストがあり、大臣を政治的に支えていました。この役職も国会議員が任されていましたが、当選回数が少ない、経験が浅い議員が就くことが多く、あまり力を発揮できずにいたようです。

しかも、政務次官は、官僚のトップである事務次官と同列に位置づけられていましたが、意思決定のラインからはずされることが多かったため、「盲腸」などと揶揄《やゆ》されることもありました。

副大臣と政務官

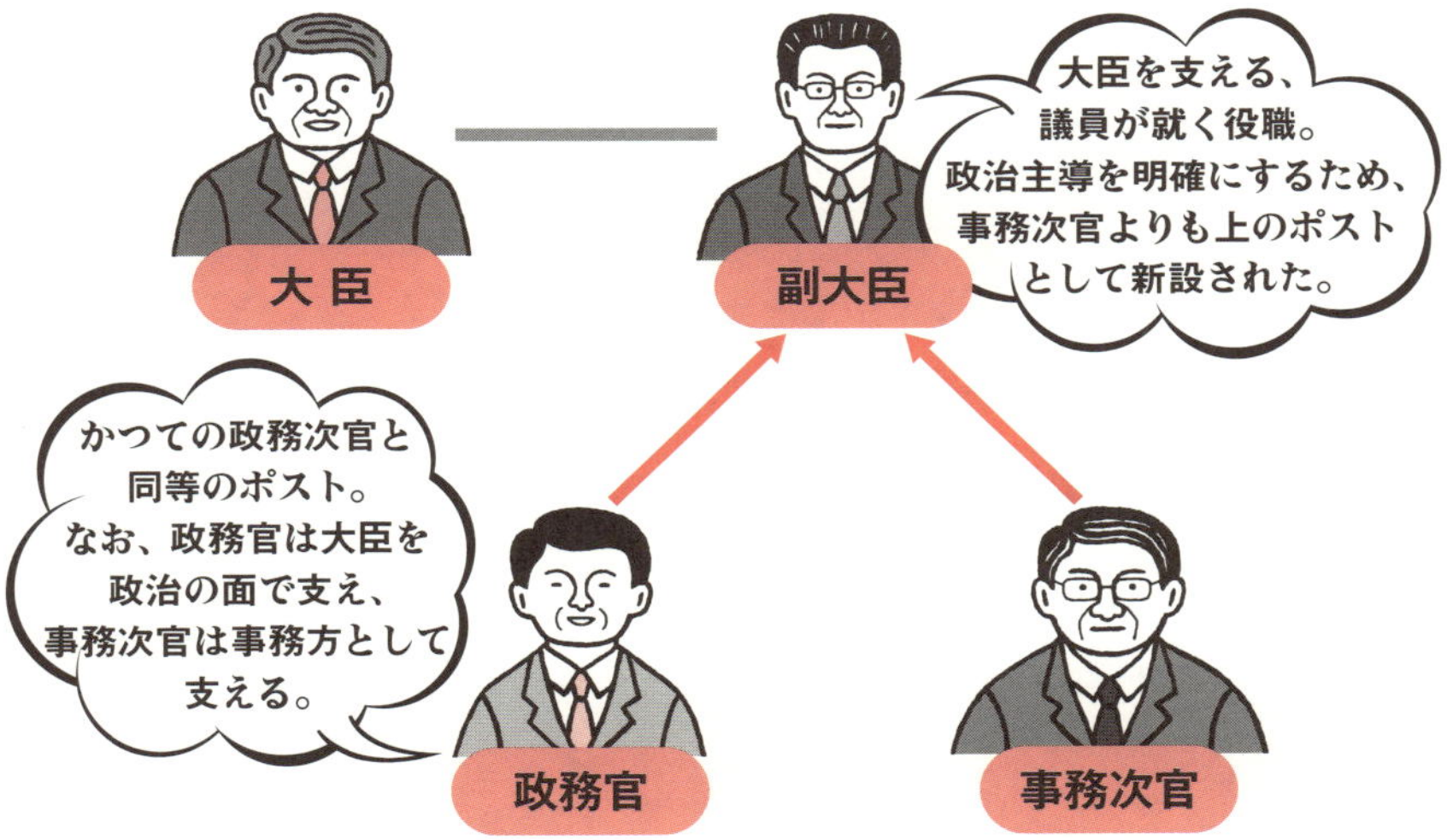
大臣
副大臣
大臣を支える、議員が就く役職。政治主導を明確にするため、事務次官よりも上のポストとして新設された。
かつての政務次官と同等のポスト。なお、政務官は大臣を政治の面で支え、事務次官は事務方として支える。
政務官
事務次官

そこで、副大臣と政務官という新たな役職を置き、立場を明確にしたわけです。副大臣・政務官ともに内閣が任命し、副大臣は天皇の認証があります。また、副大臣は大臣を補佐するだけでなく、大臣がいないときにはその職務を代行することもできます。つまり、かつての政務次官よりも大きな権限があるわけですね。

政務官の仕事は、大臣が指定した諸々の政策を企画したり、大臣の補佐をしますが、以前の政務次官の位置にあるのが政務官といえるかもしれません。

この制度再編により、以前よりも政治主導の要素が強まったといえるでしょう。

57

内閣官房って、いったい何なの？

内閣官房の役割

「総理大臣の女房役」として支えるのが内閣官房長官です。そして、機関としては内閣官房が総理大臣を全面的にサポートします。

内閣官房長官は内閣の「スポークスマン」

ちょっと大きな事件が起こったときや、国会が慌ただしいとき、テレビのニュースでよく見かけるのが内閣官房長官です。現政権の安倍内閣では、菅義偉氏が務めています。物腰は柔らかそうですが、一本芯の通った雰囲気も兼ね備えています。

この内閣官房長官こそ、内閣の「スポークスマン」であり、「総理大臣の女房役」でもあります。

内閣官房長官は平日の毎日、午前と午後の二回にわたり首相官邸で記者会見を開き、内閣での決定事項を世間に知らせる役目を担いますので、人当たりのよい人物であるに越したことはないわけです。そういう意味では、菅氏は安倍総理の側近ですし、秋田から集団就職してきた叩き上げということで、国民に対する受けも悪くはありませ

57 内閣官房って、いったい何なの？

内閣官房の組織図

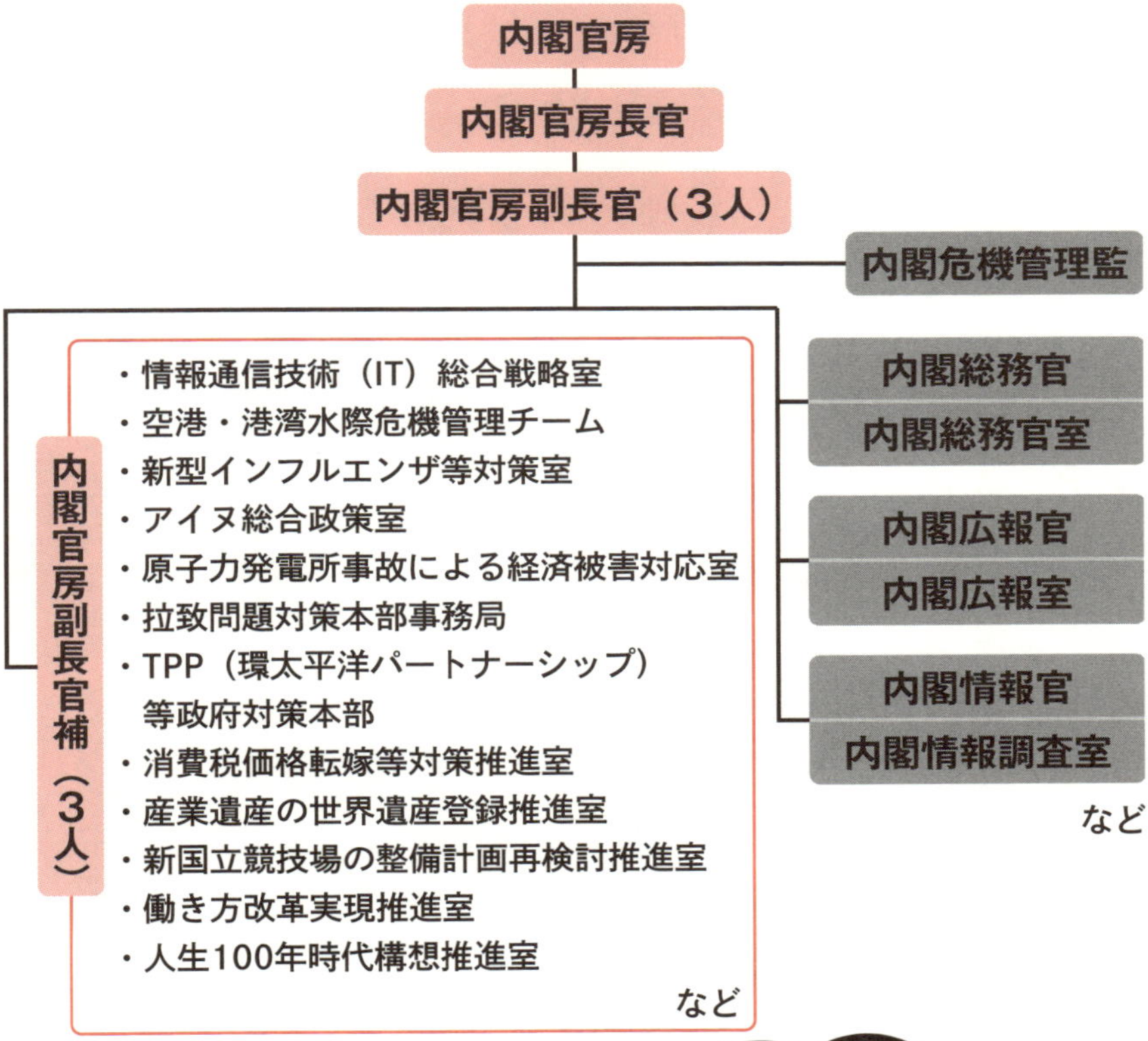
内閣官房
内閣官房長官
内閣官房副長官（3人）
内閣危機管理監
内閣官房副長官補（3人）
・情報通信技術（IT）総合戦略室
・空港・港湾水際危機管理チーム
・新型インフルエンザ等対策室
・アイヌ総合政策室
・原子力発電所事故による経済被害対応室
・拉致問題対策本部事務局
・TPP（環太平洋パートナーシップ）等政府対策本部
・消費税価格転嫁等対策推進室
・産業遺産の世界遺産登録推進室
・新国立競技場の整備計画再検討推進室
・働き方改革実現推進室
・人生100年時代構想推進室
など
内閣総務官
内閣総務官室
内閣広報官
内閣広報室
内閣情報官
内閣情報調査室
など

内閣総務官室では、
閣議に出される案件を整理することや
総理官邸の管理運営などを行なう。
内閣広報室は総理や内閣官房長官の
記者会見をサポート、
内閣情報調査室は内閣の重要政策に関する
情報の収集・分析などをしている。

ん。内閣官房長官として職務を十分果たしているといえるでしょう。

また、スポークスマンとしての役割のほか、毎週二回開かれる閣議の司会を務めるのも内閣官房長官の役目です。

内閣官房は日本で最高峰のインテリジェンス・チーム

この内閣官房長官がトップにいる役所が、内閣官房です。内閣官房は、中央省庁の一省である内閣府とは異なり、内閣総理大臣直属の組織で、職員は約七〇〇人前後という少数精鋭のチームなのです。

役割はズバリ、内閣や閣議に関するあらゆるサポートで、内閣の重要政策の企画立案、各中央省庁間の調整、閣議の運営、情報収集・分析、広報活動など、総理大臣の周辺のさまざまなことがらについて対処していきます。

組織図を見るとわかりますが、内閣官房副長官補（三人）が抱えるチームには、情報通信技術（ＩＴ）総合戦略室、空港・港湾水際危機管理チームなど長期的な取り組みが必要なものから、新型インフルエンザ等対策室、原子力発電所事故による経済被害対応室、新国立競技場の整備計画再検討推進室など、時流に沿った政治課題に対応したものまで、三五ものプロジェクト・チームがあります。

そのため、内閣官房の職員は各省庁からの出向者によって構成されています。まさ

57 内閣官房って、いったい何なの？

に、日本のインテリジェンスの粋が集まった機関といえるでしょう。

そのほか、閣議の案件を整理し、総理大臣をサポートする内閣総務官室や、総理大臣・官房長官の記者会見を支える内閣広報室、内閣の重要政策の情報収集・分析を行なう内閣情報調査室があります。

内閣情報調査室には、内閣衛星情報センターが二〇〇一（平成一三）年に置かれ、情報収集衛星の開発・運用を担当するとともに、衛星がキャッチした画像の分析も行ないます。

隣国の北朝鮮の核開発などは、日本を脅かす国際問題ですので、この機関が情報をいち早く収集・分析し、総理大臣に素早く伝達する手筈《てはず》になっているのです。

なお、内閣官房特有の予算として「内閣官房報償費」があります。これは一般的には「官房機密費」といった方がわかりやすいでしょう。現金の状態で内閣官房長官室の金庫に保管されているといわれます。

この金はさまざまな情報収集活動や外遊する議員へのせん別、野党対策などに使用されているともいわれ、領収書を切らなくてもいいそうです。

58

首相官邸って、どんな建物なのだろう？

首相官邸の内部

溜池山王駅や国会議事堂前駅近くに建つ首相官邸。毎日のニュースで総理大臣が首相官邸に入る様子が映し出されます。いったいどのような建物なのでしょうか？

首相官邸の各階はどうなっているの？

東京の地下鉄の溜池山王《ためいけさんのう》駅や国会議事堂前駅からすぐのところに建つのが、首相官邸です。現在の建物は二〇〇二（平成一四）年四月に竣工したもので、総工費は四三五億円かかりました。首相官邸は総理大臣や官房長官、官房副長官らが仕事をする場所で、国会閉会中に閣議が開かれる（国会開会中は国会内）のもここです。まさに日本の司令塔といえるでしょう。わたしたちがニュースでよく目にする、総理大臣が官邸に入ってくるのは三階のエントランスホールで、ここに正面玄関があるためです。

首相官邸は地下一階、地上五階の造りで、屋上にはヘリポートも設置。地下一階は危機管理センターとなっており、大災害や事故・事件などの際に、関係省庁の担当者がここに集まり、その後の対策を練ることになります。

58 首相官邸って、どんな建物なのだろう？

首相官邸（東京都千代田区）の外観。官邸内にある大ホールでは表彰式など、正面玄関では総理の会見が行なわれている（2015年12月撮影）。

一階には記者会見室、二階には大ホール・小ホール、四階には閣僚応接室・閣議室・大会議室・特別応接室、五階には総理大臣室があります。四階の閣僚応接室は、閣議前の大臣たちが集まる場所で、テレビでもおなじみの場所ですね。閣議室は円卓になっており、ここで政策課題が話し合われます。

旧官邸時代は番記者（政治家などに密着して取材する記者）が総理大臣の執務室へ出入りする人物を直接見ることができましたが、現在ではそれは厳しく制限され、首相執務室の入口を映すモニターをチェックしつつ、三階のホールを訪れた来訪者に総理大臣との面会を確認し、動向を探っているようです。

59

「政府首脳」って、誰を指しているの？

内閣と新聞報道

新聞やテレビニュースでよく使われる「政府首脳」という用語。でも、この言葉に明確な定義はありません。では、どういったときに使うのでしょうか？

「オンレコ」と「オフレコ」

皆さんはテレビや新聞を眺めていて疑問に思ったことはありませんか？「政府首脳」って、いったい誰を指した言葉なのでしょうか。

答えは、「明確な定義はない」。つまり、政府首脳という言葉は、文字通り「政府の首脳」としかいいようがないのです。

これには、報道上の縛りが関係しています。記者会見や公の場での発言は、誰がその言葉を発したのかを隠す必要はありませんので、実名入りで報道します。これを「オンレコ」といいます。「オン・ザ・レコード」の略ですね。

一方、実名入りで報道できないとき、つまり、取材源の秘匿《ひとく》が必要な場合は、実名を伏せて記事を報道することになります。これを「オフレコ」といいます。こちらは

「政府首脳」とは誰か？

「首脳」「周辺」「筋」の用語に明確な線引きがあるわけではない。このほか、「幹部」や「関係者」といった用語が使用されることもあるが、こちらもどの役職が幹部なのかといった決まりはない。

「オフ・ザ・レコード」の略で、いまでは一般の方でも普通に使用している言葉ですね。

このオフレコの場合、取材源をあいまいにするために、「政府首脳」や「与党首脳」「自民党首脳」などといった表現を使います。最近では「政府高官」「○○党幹部」といったのもよく見かけますが、これも「首脳」に準じた表現です。いずれも相当高い地位の政治家を指していると思われます。副総理や官房長官、政党の党首や幹事長らが「首脳」「幹部」として引用されていると想像されます。また、首相官邸に詰めて働いている総理や官房長官の周辺の人の発言は「首相周辺」と記されるようです。

また、「周辺」よりも少し遠い距離にいる政治家の場合は、「筋」という言葉が用いられます。「政府筋」「自民党筋」「公明党筋」という言葉を目にした方も多いのではないでしょうか。

単純にいえば、「首脳・幹部」→「周辺」→「筋」の順で、関係性が薄れていっていると考えるとわかりやすいでしょう。

「政府」＝「内閣」？

これまたよく耳にするのが、「政府は○○する方針です」という言い方です。「政府」は「国」と言い換えられる場合もありますが、このときの政府と国とは何を指しているのかといえば、ズバリ、内閣のことです。

つまり、総理大臣および各大臣が決めた方針ということですが、例外もあります。各省庁の官僚も「政府」として括《くく》られることがあるのです。

たとえば、「政府が検討中」というときは、「官僚が検討中」と言い換えられることもできるということになります。このときの官僚とは高級官僚（課長以上）のことでしょうが、場面によって言葉の括りが変わることもあるのです。

想像しながら新聞やテレビを見れば、政治がまた違った視点で見られるかもしれません。

60

閣議決定とは、誰が何を決めているの？

閣議の仕組み

閣議の様子はテレビには映りませんが、その前の様子はテレビなどでよく見られます。閣議とはいったいどのようなものなのでしょうか。

カメラ撮影は閣議前の「閣僚応接室」のみ

テレビのニュースでは、一つの部屋に総理大臣や大臣らが集まり、いったん座ったかと思うとすぐ立ち上がって去ってしまう場面が映し出されることがあります。これはいったいどういう場面なのでしょうか？

実はこれこそ、閣議前の総理大臣たちの姿なのです。彼らがいる部屋は閣僚応接室で、その隣に円卓の閣議室があり、閣議が行なわれます。

では、「閣議」とはいったいどのようなものなのでしょうか？

一言でいえば、閣議とは「内閣の会議」です。大臣の集まりが内閣ですから、まさに日本のトップが集まって行なう会議が閣議というわけですね。

閣議はテレビカメラによって撮影することができませんので、閣議前の場面のみが流されることになるわけです。

定例の閣議は毎週火曜と金曜の午前中に開かれます。閣議が開かれる時間は、国会開会中は原則午前九時（国会内）、閉会中は午前一〇時（首相官邸）で、所要時間はおよそ二〇～三〇分といったところでしょうか。意外と短い時間で終わってしまうのですね。なお、国会日程などによっては時間が早まることもあります。

ですが、閣議が短い時間しかかからないのには理由があります。それは、閣議の場は議論を戦わせる場ではなく、関係省庁が調整した案件を了承し、署名する場だからです。閣議を経て内閣の正式な方針となります。

自民党政権の「次官連絡会議」とは

民主党に政権を奪われる前の自民党時代には「事務次官等会議」という会議が閣議の前日（月曜と木曜）に開かれ、そこで各省庁の事務次官が方針を決めていました。それがそのまま閣議ではほぼすんなりと了承（閣議決定）されていたのです。

ところが、「政治主導」を掲げた民主党が与党になると、「官僚主導」の象徴の一つとして扱われていた事務次官等会議は廃止されてしまいます。自民党時代の流れを否定したわけですね。

ですが、これがいけませんでした。事務次官等会議をなくしたことにより、各省庁

60 閣議決定とは、誰が何を決めているの？

閣議に臨む安倍晋三首相（右から２番目）、麻生太郎財務大臣（右）、石井啓一国土交通大臣（左）、茂木敏充経済再生担当大臣（左から２番目）(2018年４月撮影)。

2013年の初閣議。左奥が安倍晋三首相（2013年１月８日）。

間の連絡が不十分となり、行政が滞《とどこお》りがちとなってしまったのです。

そこで、東日本大震災以降、大震災への対応を協議するという名目で「各府省連絡会議」として復活し、定例化。毎週金曜日の閣議後に開かれることになりました。

現在の自民党政権では「次官連絡会議」という名称になっていますが、これは民主党政権時代の各府省連絡会議を改称したもので、中身は同じです。

国民へ配慮した結果、事務次官等会議という名前を再び使うことで官僚主導と捉えられるのを避けたためと思われます。

なお、閣議には三つの種類があります。

先述の閣議は「定例閣議」と呼ばれますが、そのほか、総理大臣が必要に応じて召集する「臨時閣議」、閣議を召集せずに総理大臣から閣議書を各大臣に回して署名を得て閣議決定する「持ち回り閣議」が存在します。

臨時閣議は内閣総辞職や国会の召集日を決めるときなどに開かれ、持ち回り閣議は早急な対応が必要な場合に採られます。隣国からの弾道ミサイルがいままさに発射されようとするときの対応策を決定するときなどは、持ち回り閣議が採られることが決められているそうです。

61

簡単には発動できない内閣不信任決議

内閣不信任決議

国会が内閣に対して発動する「内閣不信任決議」。野党の武器でもありますが、どんなときに出されるのでしょうか。

国会が内閣を抑制する「手立て」

国会と内閣はお互いの権力を抑制する手立てをもっていますが、国会が内閣に対して行使できる最大の抑制方法が「内閣不信任決議」です（衆議院のみ、これを決議することができます）。

野党は、国会が会期末になると内閣不信任決議案を提出することが少なくありませんが、可決にいたることはまれで、これまで可決されたケースは、第二次吉田内閣（一九四八年）、第四次吉田内閣（五三年）、第二次大平内閣（八〇年）、宮沢内閣（九三年）の四回のみです。

これから考えても、内閣不信任決議案はよほどのことがないかぎりは可決されないことがわかります。

なお、一九五三年の吉田内閣の場合は、吉田茂総理（当時）がある議員に対する質疑応答中に「バカヤロー」と暴言を吐いたことがきっかけとなって、内閣不信任決議案が提出され、可決にいたったもので、いわゆる「バカヤロー解散」と呼ばれるものです。

内閣不信任決議が可決されると、内閣は自ら総辞職するか、衆議院を解散して総選挙を行なうかの二択を迫られます（憲法六九条）。過去四回の場合は、いずれも後者の道を辿《たど》っています。

ちなみに、衆議院で内閣不信任決議が可決されたあと、首相が解散・総選挙をする場合は「六九条解散」といい、不信任案の可決などにかかわらず首相が独自の判断で解散する場合は「七条解散」といいます。

解散したのになぜ「万歳」と叫ぶのか？

一方、内閣のトップである総理が国会（衆議院）に対してもっている権利が「解散権」です（憲法七条）。

ときの総理は衆院議員の任期を見据え、いつ解散するのが自分にとって有利か、解散の時期を見計らいます。

ときには、解散を考えているふりをして野党を脅す材料（解散カード）にも使いま

日本の国会と内閣の関係（議院内閣制）

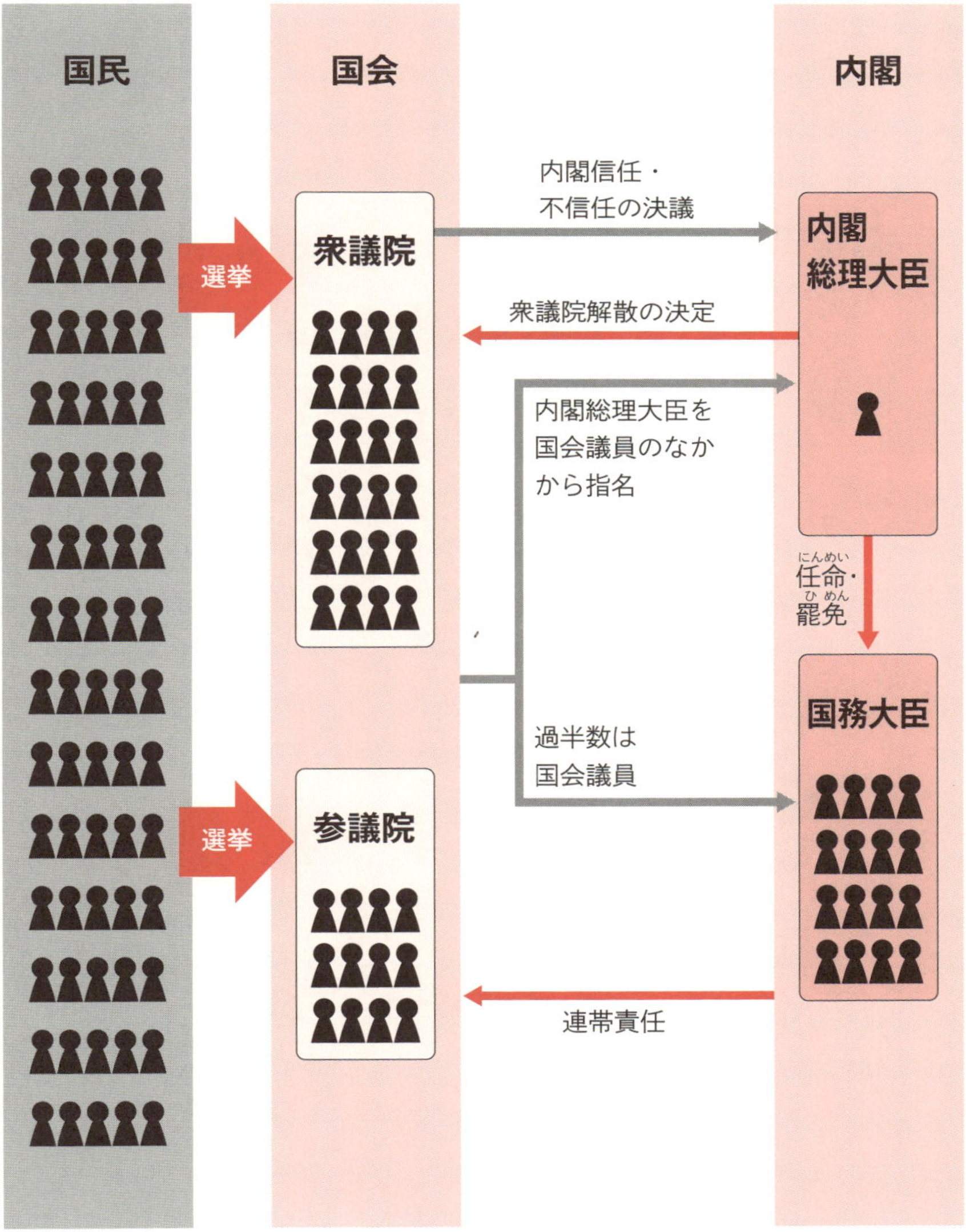

す。総理が解散を決断し、衆議院の本会議で議長によって解散の宣言がなされると、それをもって議員はいっせいに失職します。

その場合、議員は起立して「万歳」と叫ぶことが慣例となっていますが、この慣例の由来の詳細はわかっていません。どうやら明治時代からのもので、単なる景気付けに過ぎないという説もあります。

なお、非常に面白いのは、衆議院の解散後は、いつもは議員に対して敬礼をしている国会の衛視《えいし》（警護や監視の任に就いている人）が彼らに向かって敬礼をしないということです。なぜなら、解散したことによって、議員はその瞬間から、「ただの人」に過ぎなくなるからです。

最近の衆議院の解散で記憶に残っているのは、二〇〇五（平成一七）年八月の小泉純一郎元首相による「郵政解散」ではないでしょうか。これは、郵政民営化法案が参議院で否決されたことに対して、小泉氏が衆議院を即座に解散したというもので、異例ともいえる解散劇でした。

結果、ワンフレーズで小気味良い演説で支持を訴えた小泉氏率いる自民党が圧勝したわけですが、総理がもつ解散権の強さを改めて見せられた瞬間でもありました。

ちなみに、参議院には内閣不信任権はなく、「首相問責決議案」をもって内閣の政治責任を問うことになっています。

しかし、この参議院の問責決議には法的拘束力がなく、相手を政治的に追い込む手段として使われることが多いようです。

Column 6

内閣支持率はどうやって調べている？

時事通信が調べた安倍内閣の支持率（2018年3月16日現在）は39.3％でした。「森友学園」への国有地売却に関する財務省の決裁文書改ざん問題が、政権への信頼を失った結果だと思われます。

新聞社の調査で一般的なのは面接調査と電話調査です。面接調査はその名のとおり調査員が戸別訪問してアンケートに答えてもらうというものですが、手間と費用がかかることから、現在では電話調査が主流となっています。

電話調査は、コンピューターを用いて無作為に選んだ番号に電話をし、尋ねます。これは「乱数番号（RDD）方式」といいます。RDDとは、「Random Digit Dialing」の略です。

全国の固定電話の番号から約１万件を無作為抽出し、現在使われていない番号を除くと約5000件以内となり、オペレーターが電話を掛けます。このなかには会社などの事業所も含まれますので、1600件ほどが家庭に繋がる計算になります。

家庭に繋がると、18歳以上の有権者がいるかどうかを確認し、調査に入りますが、公正に行なうため、最初に電話に出た人に尋ねるのではなく、これまたコンピューターを使って「有権者のうちの年齢が上から○番目の人」というようにし、回答してもらう有権者を選んでいます。もしもその該当者が不在の場合は、改めて電話を掛け直します。

ただし、この方式では固定電話を持つ家庭の有権者が対象になり、携帯電話だけで暮らす若者などは対象外ということにもなっていますので、「日本全体の支持率」とはいえないのが現状でしょう。

7章

これで選挙がよくわかる！

62

なぜ開票が終わらないのに「当選確実」が出るの？

選挙報道とマスコミ

なぜ午後八時の投票締め切りと同時に「当選確実」が出る候補者がいるのか？　皆さんは不思議に思ったことはありませんか？

「出口調査」と「票読み」で当選確実が打てる！

選挙当日の夜、テレビ局各社はこぞって「選挙特番」を放送します。

さて、この選挙報道ですが、投票の締め切りは午後八時なのに、同時刻に番組がはじまると同時に各党の予想議席数や有名議員の「当選確実」が示されます。これはいったいどういうことなのでしょうか？

なぜこんなにも早く当選確実が出るのかといえば、各報道機関は投開票日に向けて事前に情勢を調査し、その情報に期日前投票や当日の「出口調査」を加えることによって、各候補者の当落を判断しているからです。

つまり、投開票日前から十分な調査をしているわけですね。

各報道機関は選挙がはじまると各候補者の選挙事務所を回り、どのくらい得票があ

「当選確実」を出すための根拠とは?

りそうかを責任者から聞き出します。これを「票読み」といいますが、記者の普段からの調査能力がここで発揮されます。

この情報に、先述した出口調査で得られた情報や、開票所での投票状況を見て当落を判断するというわけです。

出口調査とは、各投票所の出口などで、投票を終えた有権者に投票行動を聞くことをいいますが、一度くらいは声を掛けられた方もおられるのではないでしょうか。

また、開票所のなかには開票の途中経過を教えてくれるところもありますので、そういった票数が大いに参考になるのです。

当選確実のあとに落選することもある！

「当選確実」は各報道機関が独自に出しているものに過ぎず、選挙管理委員会が出しているわけではありません。

ですから、たまには間違いも起こります。テレビを見ていた候補者が当選確実を打たれ、選挙事務所で万歳をして勝利者インタビューを受けたあとに、最終的には落選したということも過去にはありました。

それほど頻繁に起こることではありませんが、候補者の側にしたらたまったものではありません。

また、衆議院議員総選挙の場合は、小選挙区と比例代表との重複立候補をしている候補者がいますが、「惜敗率《せきはいりつ》」（当選者の得票数に対する落選者の得票数の比率）という仕組みが関わってきますので、こちらの場合は小選挙区での場合よりも当選確実を打つことが難しいようです。

このような予備知識を得たうえで選挙報道を見れば、また違った面白さを見出せるかもしれませんね。

63

政見放送の楽しい見方

政見放送の見方

選挙がはじまるとテレビやラジオで流される「政見放送」。たまに面白いものもありますが、実はいろいろと規定が設けられています。

既成政党に有利な政見放送

選挙がはじまると、テレビやラジオでは「政見放送《せいけん》」が流れます。最近では、ウケ狙いでやっているのではないのでしょうが、ネットで話題になるぐらいの独特な政見放送を行なう候補者もいますので、一度はご覧になった方も多いのではないでしょうか。

政見放送は衆議院選挙、参議院選挙、都道府県知事選挙の際に、選挙運動の一環として行なわれるものです。政見とは「政治に対する基本的な考え方や姿勢」という意味です。

一般的には選挙が公示・告示された翌々日から投票日の前々日までのあいだに、NHK（日本放送協会）と、都道府県の選挙管理委員会が指定した民間放送会社で放送

政見放送でやってはいけないこと

ウソの経歴などを
アピールする
公職選挙法・
刑法などに
違反する
内容をいう
特定の商品を
宣伝する
他の候補者や
政党の
名誉を傷つける

されることになります。

ＮＨＫでは朝や昼などの視聴者が多く見ている時間帯に放送枠が設定されていますが、広告収入で成り立っている民放の場合は、早朝の五時など、見ている人が少ない時間帯に流されることが多いようです。

衆議院選挙の場合は、小選挙区の政見放送はＮＨＫと民放、比例代表はＮＨＫのみで、参議院選挙の比例代表もＮＨＫのみです。衆議院議員選挙においては、無所属の候補者や、政党要件を満たしていない政治団体の選挙区候補者は政見放送を流すことはできないことになっています。

つまり、政見放送は既成の政党に有利な制度といえるでしょう。

政見放送の制作過程は二種類にわけられる

政見放送は、選挙によって、放送局のスタジオで録画する場合と、政党が独自に録画して放送局へ持ち込む場合の二種類があります。

放送局が政見放送の内容を編集することは禁止されており、録画・録音されたものはそのまま放送しなければならないことになっています。

政見放送がどれも似たり寄ったりなのは、フォーマットがほぼ決まっているからなのですが、政党が独自に制作したものは、広告代理店の手によるものです。

なお、衆議院選挙のときは、候補者・政党の一回あたりの放送時間は九分以内と定められており（公職選挙法による）、政党数が多くなればなるほど、放送時間の枠についてＮＨＫはかなり頭を悩ませるようです。

ＮＨＫは公共放送ですから、なるべく各政党に公平に政見放送を分配したい思いであったようですが、政党が増えるということは、そのまま政見放送の時間も増えることを意味します。なかには、「あんなに朝早く放送するものを誰が見るんだ！」という論議もあったといいます。

64

衆院選と参院選、違いはどこにある？

衆院選と参院選

衆議院と参議院では選挙の方法が異なります。一見、ややこしいですが、意外とわかりやすい仕組みになっていますよ。

惜敗率とは、「どれだけ惜しい負け方」をしたかということ

衆議院と参議院は、それぞれの役割に違いがあるのは、これまで述べてきた通りです。したがって、議員を選ぶ方法（選挙）も異なっています。

衆議院選挙は小選挙区比例代表並立制、参議院選挙は都道府県単位（鳥取と島根、徳島と高知は合わせて一選挙区）の選挙区制と全国を一ブロックとした比例代表制が採用されています。

衆院選ですが、四年の任期満了か、総理大臣が衆議院を解散すると行なわれます。衆議院議員の四六五人すべてを選ぶ選挙なので「総選挙」と呼ばれるのです。

小選挙区で二八九人、比例代表で一七六人を選びます。小選挙区は、全国を二八九の選挙ブロックにわけて、各選挙区でトップを取った人のみが当選となります。一方、

比例代表は全国を一一のブロックにわけて、各ブロックでは六～二八人の当選者が選ばれます。小選挙区の候補者は比例代表に重複立候補することもできます。

投票に行かれた方はおわかりかと思いますが、わたしたちは二回にわたって投票用紙に記入することになり、その二回目に書くのが比例代表の政党名です。各政党はあらかじめ選挙管理委員会に当選させたい順番に候補者を書いたリストを提出していますが、比例代表選挙での得票数によって、各政党の当選者数が決まります。

たとえば、A党が一〇〇万票、B党が七〇万票、C党が四二万票を得たとします。その得票数を一、二、三、……と割っていって出された数のなかで大きい順に当選者数が決まっていきます（261ページ参照）。

定数を仮に九とした場合、順番は図のようになりますので、A党は四人、B党は三人、C党は二人が当選するということになります。この算出方法はベルギーのドントという人が考案したものなので、「ドント式」と呼ばれています。

そして、各政党が提出した名簿には当選させたい順番が記されていますが、一位、二位、三位、……とはじめから順番を明確にしてしまうと、名簿の上位にいる候補者はほぼ当選することが確実なわけですから、手を抜いた選挙活動をしないともかぎりません。そこで、何人もの候補者を同じ順位に据えることで、お互いを競わせているのです。

なお、同じ順位のなかでも誰から当選していくのか、それを決めるのが「惜敗率」というもの。「どれだけ惜しい負け方」をしたのかで、順位が決まるのです。算出方法は、「落選議員の得票数÷当選議員の得票数」です。

たとえば、相手候補が三〇万票を取ったことに対して、二〇万票しか取れなかったA候補と、相手候補が一〇万票で自分が九万票を取ったB候補がいたとします。

すると、A候補の惜敗率は二〇万÷三〇万で約〇・六六、一方のB候補は九万÷一〇万で〇・九となりますので、B候補の方が惜敗率では高くなり、順位が上になるのです。つまり、いくら多くの票を得ても、それよりも低い得票数の候補者に負ける場合があるということです。

二〇一二年の衆議院総選挙のときは、民主党に凄まじい逆風が吹いていましたので、有名議員であっても比例代表でも立候補した人がほとんどでした。なお、小選挙区で落選し、比例代表で当選することを「復活当選」といいます。なかなかシビアな命名ですね。

なぜ参院選には有名人が出やすいのか?

参議院選挙は、議員定数（二四五人。二〇一九年一二月現在）のうちの半数を三年ごとに選ぶものですので、総選挙とは呼ばず、「通常選挙」といわれます。

衆議院と参議院の選挙制度

	衆議院（小選挙区比例代表並立制）（465名、任期4年、解散あり）		参議院（245名、任期6年、3年ごとに半数を改選）	
被選挙権	25歳以上		30歳以上	
選挙の種類	小選挙区選挙	比例代表選挙（拘束名簿式）	選挙区制選挙	比例代表選挙（非拘束名簿式）
議席数	289名	176名	148名（※74名を改選）	100名（※50名を改選）
選挙区の数	289	11（ブロック単位）	45（※）	1（全国）
投票のしかた	立候補者名を記入	政党名を記入	立候補者名を記入	政党名か立候補者名を記入
当選者	各選挙区で得票数の1位の者が当選（有効投票数の6分の1以上の得票が必要）	各ブロックごとに、ドント式で各党に議席を配分し、各党の順位の上位者から当選	各選挙区ごとに得票数の上位者から定数まで当選	各党の得票総数（政党票と立候補者の個人票の合計）でドント式により議席を配分し、個人票の多い順に当選

（※改選数は2019年7月参院選時。鳥取と島根、徳島と高知は合わせて一選挙区。2022年12月現在）

ドント式による当選者の決定例（9議席を争う場合）

政党		A	B	C
得票数		100万	70万	42万
割る数	1	100万①	70万②	42万④
	2	50万③	35万⑤	21万⑨
	3	33.3万⑥	23.3万⑧	14万
	4	25万⑦	17.5万	10.5万
	5	20万	14万	8.4万
議席数		4人	3人	2人

※○内の数字は当選順。最終順の数字が同じになった場合は、くじ引きとなる。

選挙方法は、原則、都道府県ごとの選挙区と、全国を一つのブロックにした比例代表選挙によるもので、衆院選のように同時に立候補することはできません。これまた衆院選と異なり、比例代表選挙では当選順位を確定させた名簿はなく、選挙のときに個人名が多く書かれた候補者順に当選が決まります。これを「非拘束名簿式」といいます（衆院選は「拘束名簿式」という）。

比例代表選挙では、政党の名前を書いてもいいし、候補者の個人名を書いてもいいことになっていますが、どちらにせよ、いったんは政党の得票としてカウントされ、それが政党の議席数の獲得に結びつきます。

また、都道府県の選挙区に加え、全国規模での比例代表選挙区もありますので、知名度が高い候補者が多くいた政党が有利になります。

スポーツ選手や芸能人などが参院選の候補者に名を連ね、当選して参議院議員になることが多いのも、選挙制度と無縁ではないといえるでしょう。

65

統一地方選挙の「統一」って、何？

地方選挙

なぜ地方選挙には「統一」という言葉が付いているのでしょうか？　また、地方選挙の仕組みはどうなっているでしょうか？

経費削減と選挙への注目度向上が目的

都道府県や市区町村などにも議会がありますが、これらの地方公共団体（地方自治体）の首長や議会の議員を選ぶ選挙を「地方選挙」と呼びます。

内閣総理大臣はわたしたちが直接選ぶことはできませんが、都道府県の知事は住民の「直接選挙」によって選び出すことができます。

戦前は、知事と市長は国が任命していましたので、政府から地方への影響力はとても大きなものでしたが、戦後に新たな選挙制度が設けられたことにより、民主的に選ばれることになったのです。統一地方選挙が開始されたのは一九四七（昭和二二）年のことです。

さて、この地方選挙ですが、地方公共団体の首長や地方議員の任期はすべて四年ですので、四年に一度行なわれます。

任期の関係で首長や議員の選挙の多くは四月に全国でいっせいに行なわれることから、「統一地方選挙」と呼ばれているのです。なぜ「統一」するのかといえば、選挙を一時期にまとめてやることで経費が削減できますし、有権者の選挙への意識を高めることにも繋がるためといえます。

もっとも、最近では統一地方選挙の日にちで行なう選挙の割合（これを「統一率」といいます）は下がる傾向にあります。首長が任期途中で死去・辞職すれば、任期がずれてしまうからです。投票率もそれほど上がってはいないので、統一することのメリットがあるとは決していえません。

ただし、これほど全国的に選挙が行なわれると、地方の選挙とはいえ、結果を無視できなくなります。

つまり、与党が地方議員の数を増やせば、現政権への信任と受け取られて、政権運営に弾みがつきます。

逆に、各地で野党が勝つことが多ければ、与党への反撃材料を得たことになりますので、地方から吹く「風」が中央政界を揺るがすことにもなりかねないのです。地方の声、動きを無視できない状況であることは確かです。

66

小選挙区制のメリットとデメリットとは？

小選挙区制の是非

以前の衆院選は中選挙区制でしたが、現在は小選挙区比例代表並立制です。いったいどこがどう変わったのでしょうか？

「政治とカネ」の問題で中選挙区制が廃止に

現在の衆院選では「小選挙区比例代表並立制」という選挙制度が採用されています。これは、選挙区で一人の候補者名、比例代表で一つの政党名を書いて投票するというもので、選挙に行かれた方にはお馴染みでしょう。

では、この小選挙区制にはどんなメリットとデメリットがあるのでしょうか？

一九九三（平成五）年まで、衆院選は「中選挙区制」という選挙制度で実施されていました。これは、一つの選挙区で三～五人の当選者が選ばれるという選挙制度でしたが、一つの政党から候補者が何人も出ることになり、いわば「同士討ち」が見られる側面がありました。

かつての自民党に顕著に見られた傾向ですが、こうなると、政党間の争いというよりは候補者間の争いの方が重要となり、派閥に頼った選挙戦に陥ったり、有権者への過剰なサービス合戦（インフラ整備など地元利益誘導型の選挙戦）が展開されたりしていたわけです。

このようなことから「政治とカネ」の問題がクローズアップされ、一九九四（平成六）年に中選挙区制が廃止され、一九九六（平成八）年の衆院選より小選挙区比例代表並立制が採用されることになりました。この選挙制度だと、一つの選挙区から一人しか選ばれないことになるので、政党がしのぎを削ることになり、政党間の政策の違いも有権者にとってわかりやすい選挙になります。

たしかに、これ以降、衆院選では与党対野党の対立構図が明確となり（必ずしもまったく異なった政策を打ち出しているわけではありませんが）、政権交代が起きやすくなりました。二〇〇九（平成二一）年の民主党政権の誕生や、二〇一二（平成二四）年の自民党の大勝などは、小選挙区制だからこそ起こり得たことだといえるでしょう。これがメリットです。

小さな政党や無所属に不利な小選挙区制

では、小選挙区制のデメリットとは何でしょうか？

さきほど、一つの選挙区から一人しか当選しない制度であると述べましたが、それ

日本の選挙権の拡大と選挙区制度の変遷

衆議院議員選挙区制度				選挙権			
年	選挙区制	定数	選挙区数	年齢性別	財産	住居	総人口に対する有権者の比率
1889（明治22）	原則として小選挙区	300	257	25歳以上の男子	直接国税15円以上の納付者	1年以上同府県に本籍を定め、住居を有する者	1.13%（1890年）
1900（明治33）	大選挙区	369	97	同上	直接国税10円以上の納付者	1年以上同選挙区に住居を有する者	2.18%（1902年）
1919（大正8）	原則として小選挙区	464	374	同上	直接国税3円以上の納付者	6か月以上同市町村に住居を有する者	5.50%（1920年）
1925（大正14）	中選挙区	466	122	同上	制限なし	制限なし	19.98%（1928年）
1945（昭和20）	大選挙区	468	54	20歳以上の男女	同上	同上	48.65%（1946年）
1947（昭和22）	中選挙区	466	117				
1994（平成6）	小選挙区 比例代表	300 200	300 11				
2016（平成28）				18歳以上の男女	同上	同上	約83%
2017（平成29）	小選挙区 比例代表	289 176	289 11				

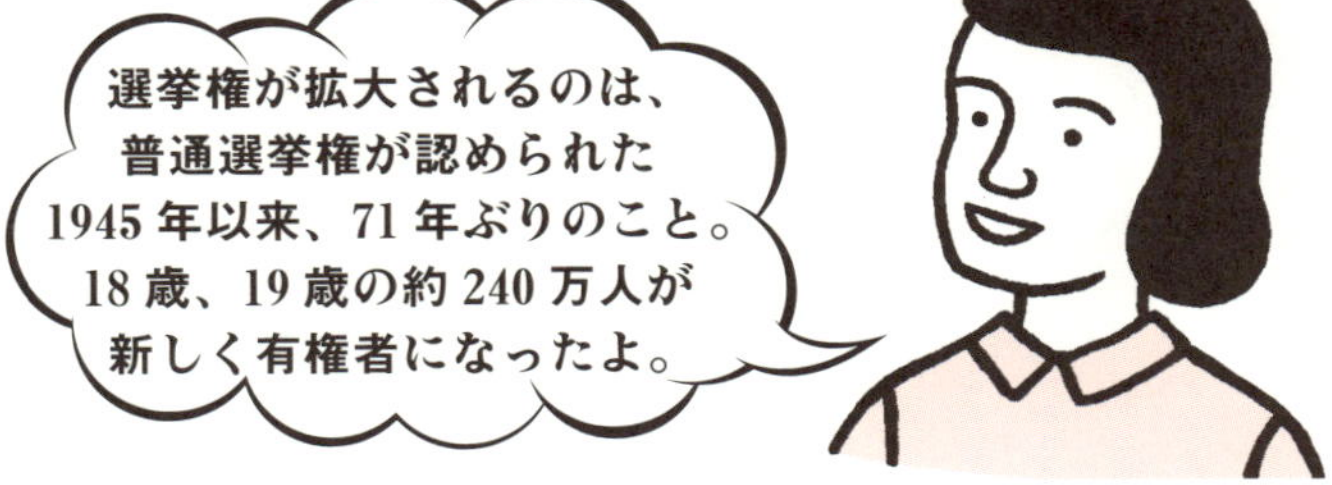
選挙権が拡大されるのは、
普通選挙権が認められた
1945年以来、71年ぶりのこと。
18歳、19歳の約240万人が
新しく有権者になったよ。

から導き出されるのは、「当選者以外に入れた票がすべて意味をなさなくなってしまう」ということ。

つまり、「死票《しひょう》」が多いということがデメリットと考えられます。

小さな政党は全国二八九の選挙区のすべてに立候補者を送り込む体力がありませんので、議席を確保するのが難しくなりました。

無所属での立候補者も、よっぽどの知名度や組織がないかぎり、自分の名前を多くの有権者に書かせることは困難でしょう。

また、小選挙区制になったことで、党執行部のもつ力が強まったのも事実です。どの選挙区にどの候補者を立てるかを決定するのは、幹事長を含む執行部の役目ですから、候補者は執行部に頭が上がらなくなります。

そうなると、党内で執行部に対する不満があったとしても、声を上げにくくなることも考えられます。

「政治とカネ」の問題は解消できたかもしれませんが、小選挙区制の導入にはこのような面もあります。

「欠点のない選挙制度などない」といわれることもありますので、今後また、新たな選挙制度が採用される世の中になるのかもしれません。

67

各党の出す「マニフェスト」は守らなくてもいい!?

マニフェストの役割

選挙になると、各党は政権公約を盛り込んだビラを配ります。この政権公約をマニフェストと呼びますが、どんなことが書かれているのでしょうか？

マニフェストの意味って、何？

選挙の際に有権者が参考にするものの一つが「マニフェスト（manifesto）」です。日本語では「政権公約」といいます。選挙を戦うにあたり、政党や政治家はこのマニフェストを作成することで、政策についての具体的な目標や実現への手順、数値を有権者に示し、アピールするのです。

マニフェストが広く知られるようになったのは、それほど昔のことではなく、一九九七年にイギリスの労働党が採用したことがはじまりです。

日本では二〇〇三（平成一五）年の衆院選から、各党がマニフェストを作成するようになり、二〇〇七（平成一九）年から知事選挙や市区町村長選挙でマニフェストを「選挙運動用のビラ」という形で配ることが許されるようになったのです。

皆さんのご記憶に新しいところでは、二〇〇九（平成二一）年の衆院選における民主党のマニフェストが挙げられるでしょう。

鳩山由紀夫代表（当時）の顔が大きく配置された横には「政権交代。」の文字が。当時の民主党の勢いを示すものではありますが、大風呂敷を広げたばっかりに、その後民主党は、逆にマニフェストに縛られていくことになったのは、皆さんご存じの通りです。

これから考えると、有権者にアピールしたいがために、実現不可能な政権公約を掲げるのも意味がないということでしょう。今後は個々の政策における数値を示すよりも、抽象的な内容になっていくことが予想されます。

どんなマニフェストがいいのか？

かつての選挙では、「〇〇を実現します！」といったところで、具体性を欠き、選挙公約が達成されたのかどうか不透明な部分が多くありました。

そういう意味では、現在のようなマニフェストを整理・頒布して政権公約を広く知らしめたうえで行なわれている選挙の方が、有権者にとっては誰に投票するか判断しやすくなったといえるでしょう。

しかし、先述のように、票を得るためだけに大風呂敷を広げたのでは意味がありま

各党のマニフェストのキャッチコピー（2017年衆院選）

自民党	この国を、守り抜く。
希望の党	日本に希望を。
公明党	教育負担の軽減へ。
日本共産党	力あわせ、未来ひらく。
立憲民主党	まっとうな政治。
日本維新の会	身を切る改革
社会民主党	憲法を活かす政治
日本のこころ	次世代へのメッセージ

マニフェストとは
もともとイタリア語で、
「宣言」「声明書」の
意味なんだって!

せん。日本の国益にとってはむしろ逆効果です。

たとえば、民主党が二〇〇九年の選挙時に掲げた月額二万六〇〇〇円の「子ども手当」は、その後半額支給で開始されたものの、政権担当中の二〇一二年三月末で早々に廃止され、ガソリン税など暫定税率の廃止・軽減は、車を所有する人のみならず社会的に混乱を招く結果となりました。

国の予算を抜本的に組み替えて一六・八兆円の財源を生み出すことも、絵に描いた餅でしかありませんでした。

また、二〇一二（平成二四）年に自民党が政権に復帰したときの選挙公約は「デフレ脱却」や「物価目標（二％）の設定」などでしたが、これは二〇一九年一二月現在でも実現されていないことです。

有権者のためにも、今後は、その後に具体的に公約が達成されるようなマニフェストであってほしいと思います。実現不可能なマニフェストほど、有権者を混乱させるものはないのですから。

68

これだけかかる！選挙費用

選挙費用の実際

選挙に出るときに候補者が負担しなければならないのが供託金です。なぜ供託金というお金をあずけなければならないのでしょうか？

なぜ「供託金」を払わなければならないの？

4章の「公職選挙法」の項でも少し説明しましたが、選挙に出る際にはさまざまなお金がかかります。では、どのようなことにお金が必要になるのでしょうか？

まず、立候補するときに必要なのが「供託金《きょうたくきん》」です。これは、立候補の届出をするときに用意しなければならないお金で、候補者ごとに一定額のお金（あるいは国債証書〈国債を買ったことを証明する書類〉）を法務局にあずけることで「供託証明書」が発行され、これにより供託金を納めたことになります。

供託金の額は、衆議院議員小選挙区・参議院議員選挙区・都道府県知事選挙では三〇〇万円、都道府県議会議員選挙では六〇万円、政令指定都市市長選挙では二四〇万円などとなっています。

なぜ供託金というお金をあずけることになるのかというと、この縛りがなければ、「目立ちたい」という理由で立候補する者が増えてしまいかねないからです。外国では供託金制度がない国が少なくないので、果たして本当に必要なのかという意見もありますが、一定の縛りを設けることも意味のないことではないでしょう。

供託金はたとえ落選しても、得票数が一定の割合をオーバーしていれば返金されますが、その割合に達していなかったり、途中で立候補を辞退したときには返してもらえません。

これより考えると、被選挙権は平等にあるとはいえ、一般の人が立候補するには高いハードルがあるといえます。

バカにならない選挙事務所の経費

現在行なわれている選挙には「選挙公営制度」が導入されており、選挙運動に必要なポスターや葉書などの経費は公費で負担されています。

とはいえ、選挙運動には人件費（宛名書きやポスター貼りなどを手伝う作業員や、車上運動員などの給料）や選挙事務所費、通信費（葉書の郵送料、電話代）、広告費（選挙カーや選挙事務所の看板、新聞広告）、食料費（選挙事務所でのお茶や菓子代、弁当代）、文房具費、宿泊費など、さまざまなお金がかかります。

選挙の種類と供託額

選挙の種類	供託額	供託額が没収される得票数またはその没収額
衆議院小選挙区	300万円	有効得票数×1/10未満
衆議院比例代表	※候補者1名につき600万円	没収額=供託額−（300万円×重複立候補者のうち小選挙区の当選者数+600万円×比例代表の当選者数×2）
参議院比例代表	候補者1名につき600万円	没収額=供託額−600万円×比例代表の当選者数×2
参議院選挙区	300万円	有効得票数÷その選挙区の議員定数×1/8未満
都道府県知事	300万円	有効得票数×1/10未満
都道府県議会	60万円	有効得票数÷その選挙区の議員定数×1/10未満
指定都市の長	240万円	有効得票数×1/10未満
指定都市議会	50万円	有効得票数÷その選挙区の議員定数×1/10未満
その他の市区の長	100万円	有効得票数×1/10未満
その他の市区の議会	30万円	有効得票数÷その選挙区の議員定数×1/10未満
町村長	50万円	有効得票数×1/10未満

※候補者が重複立候補者である場合は、比例代表の供託額は300万円。
※ここでいう区の表記は、特別区のことを指す。

なかでも、選挙運動の拠点となる選挙事務所にかかるお金はバカになりません。

選挙事務所では、選挙運動のための葉書の宛名書きをはじめ、選挙運動に関するあらゆる事務がこなされていますが、投票所の入口から三〇〇メートル以内に設置することはできず、原則として一人の候補者につき一か所しか設けることができないなど、細かな規定があります。

また、衆議院議員の場合、国会が解散しそうな流れになると、事務所をもたない候補者は物件探しをはじめなければならず、選挙前に事務所を準備しなければなりませんので、家賃もそれなりにかかります。

解散前に事務所を借りてしまった候補者からは、「早く解散してほしい」という嘆き節も聞こえてきます。

なお、二〇一四（平成二六）年の衆院選では、全国でおよそ六一六億九三三五万円ものお金がかかっています。

投票所やポスター掲示における経費などがその内訳なのですが、このお金はもちろん税金から出されており、むやみに解散すべきではないという意見も少なくありません。

69

「一票の重み」が違うって、どういうこと？

一票の格差

選挙に関してここ数年話題になっているのが「一票の格差」問題です。なぜ日本各地で一票に格差が生じてしまうのか？その仕組みを理解しましょう。

ついに怒りの声を上げた司法

近年、重要な政治問題に発展しつつあるのが「一票の格差」問題です。二〇一三（平成二五）年三月には全国各地の高等裁判所で、その前年一二月に行なわれた衆議院選挙の選挙無効（やり直し）訴訟で「違憲（ないし違憲状態）」であるとの判断が立て続けに示されました。広島高裁と広島高裁岡山支部では、選挙無効の判決も出ています。

ただ、高裁が違憲と判断したのは今回がはじめてではなく、二〇一〇（平成二二）年七月の参院選後にも、東京・高松・福岡の三高裁では違憲と判断されることがあったのです。その後、何も対策を講じようとしない国会に対して、ついに司法が怒りの声を上げたといっていいでしょう。

では、「一票の格差」問題とは何なのか？　一言でいえば、「議員一人を国会に送り出すために必要な有権者の数に違いがあること」といえます。つまり、有権者のもつ一票の重みが全国で異なるということですね。

たとえば、有権者が五万人と一万人の選挙区があったとして、両方とも議員の定数が一人だとすると、五万人の選挙区における一票は、一万人の選挙区の五分の一の価値しかないことになります。言い換えれば、「一票の格差」が五倍ある、ということです。これでは憲法が定めた法の下の平等、「有権者は平等である」とはとてもいえません。ですから、憲法違反であると叫ばれることになるわけです。

どうすれば一票の格差がなくなるのか？

では、どうすれば一票の格差が縮まったり、なくなったりするのでしょうか？

選挙区の有権者数は、住民の引っ越しや死亡などによって、日々変わっています。とくに都市では人口の流入が顕著な地域もあるでしょうし、山間部の過疎《かそ》地などでは限界集落（六五歳以上の高齢者が、住民の五〇％を超えた集落）の問題でも明らかなように、急激に人口が減っている地域もあります。

そのため、一票の格差をなくすために、各選挙区の定数を配分し直す「定数是正《ぜせい》」と、選挙区の範囲を見直す「区割りの見直し」が幾度か行なわれてきました。

69 「一票の重み」が違うって、どういうこと？

投票率の推移（衆議院議員総選挙〈大選挙区・中選挙区・小選挙区〉）

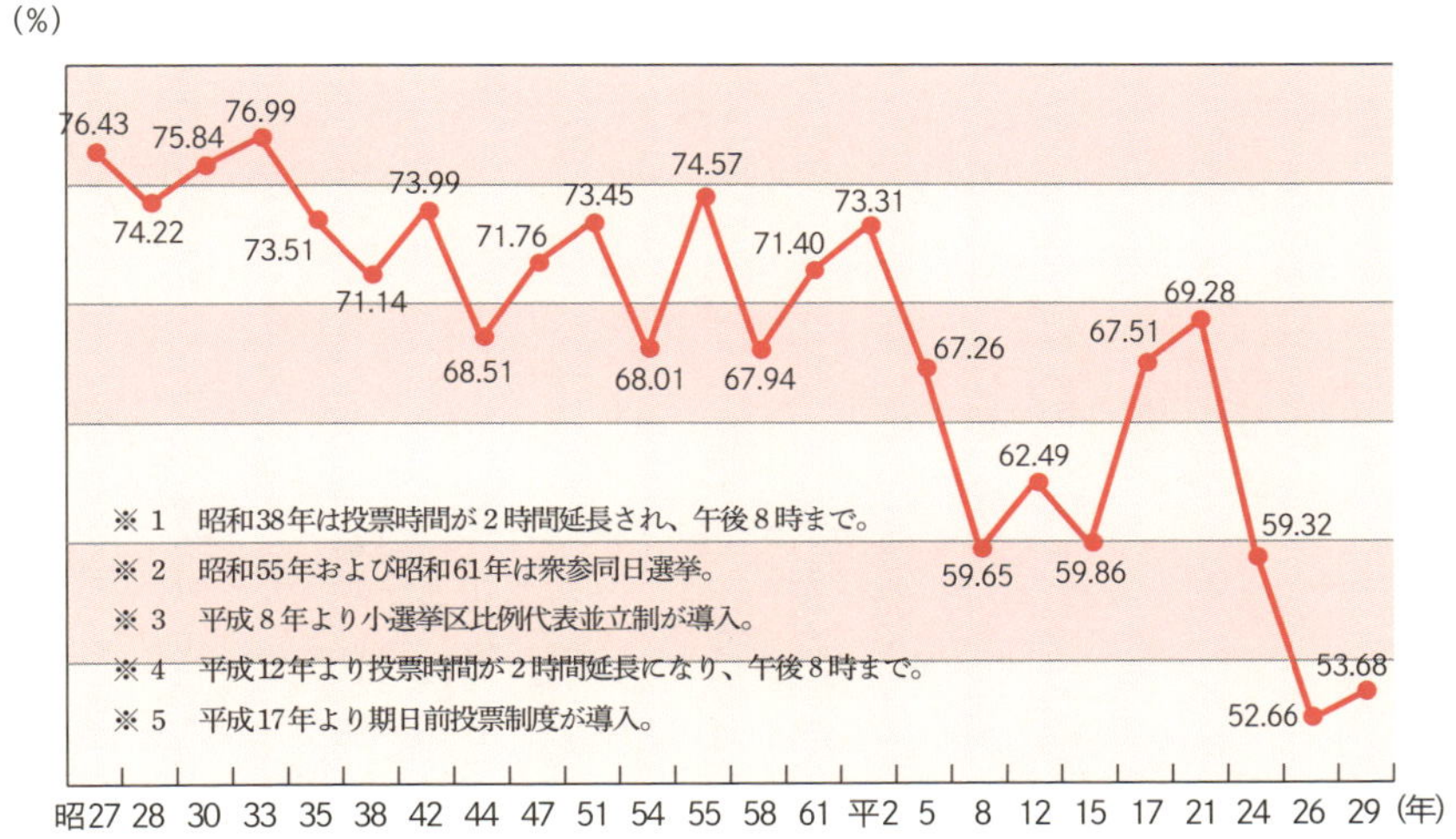

（出典：総務省）

一票の格差（衆議院議員１人当たりの有権者数）

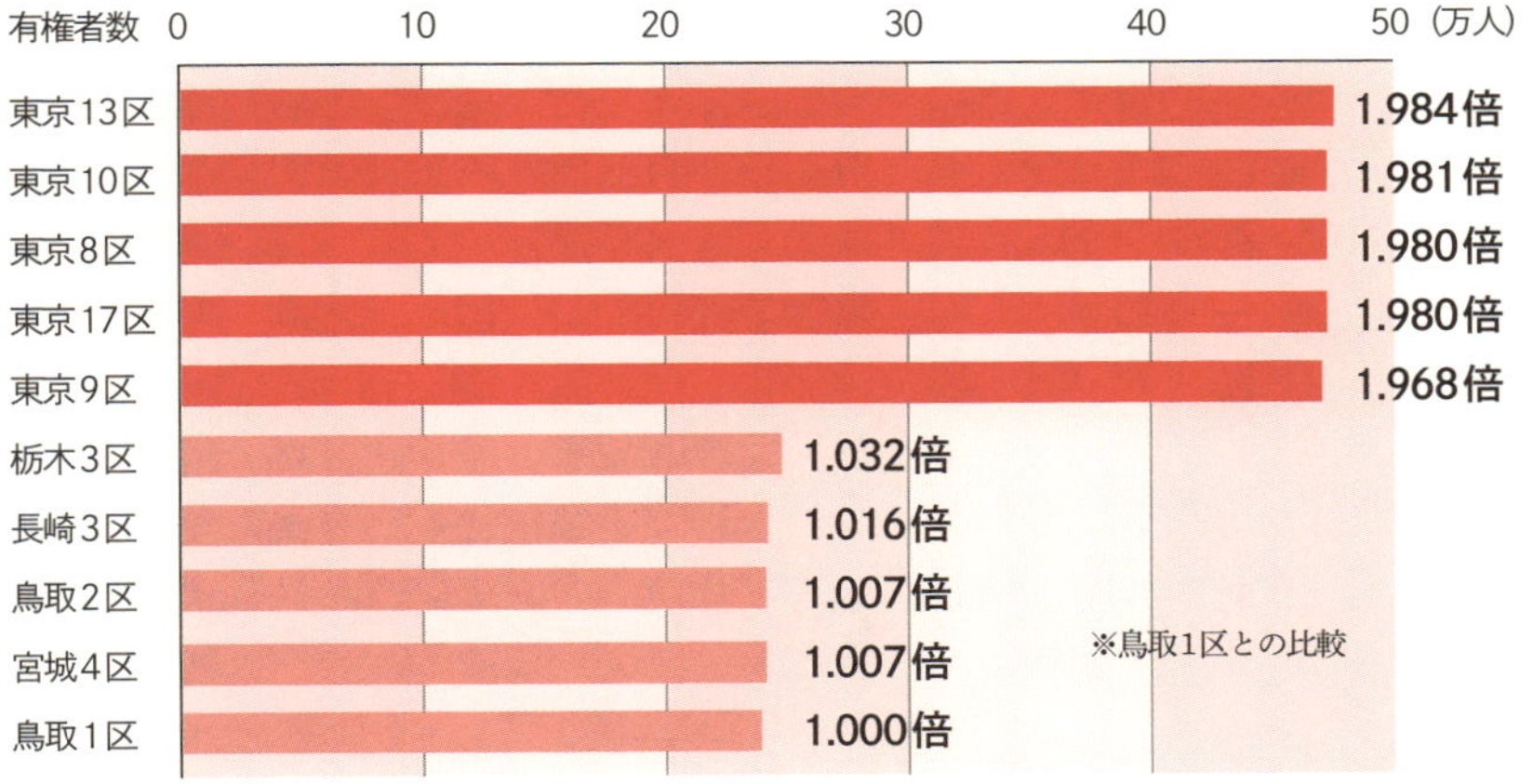

（出典：日本経済新聞）

衆議院議員の小選挙区選挙では、一〇年に一度行なわれる大規模な国勢調査で得られた結果により、区割りを見直すことになっています。

国勢調査をもとに「衆議院選挙区画定審議会」が区割り案を作成し、内閣総理大臣に公職選挙法の改正を勧告すると、内閣が「是正の必要あり」と判断すれば、同法の改正法案を国会に提出し、是正されることになります。

二〇一七（平成二九）年一〇月九日時点で、衆議院の選挙区で人口がもっとも少ない鳥取一区（二三万九一〇四人）と、もっとも多い東京一三区（四七万四三二六人）との格差は一・九八四倍になり、そのときの衆院選から適用される新しい区割りが目標とした、「格差を二倍未満にする」はなんとか達成することができました。

二〇二二年一二月二八日、衆議院の小選挙区の数を「一〇増一〇減」する改正公職選挙法が成立しました。小選挙区は、東京、神奈川、埼玉など五つの都と県で合わせて一〇増えるのに対し、新潟、宮城、広島など一〇の県で一つずつ、合計一〇減ります。なお、一〇の道府県では線引きが変更され、一四〇選挙区の区割りも変更されます（小選挙区の数は現行のまま）。二〇二三年からの選挙において、「一票の格差」が是正されることはあるのでしょうか。

70

選挙管理委員会は、何を管理しているの？

選挙管理委員会の役割

選挙をするとき、公平に行なわれるように管理するのが選挙管理委員会です。普段は見えづらい彼らの仕事とは、いったいどのようなものなのでしょうか？

若い有権者から選挙立会人を選ぶ東京都中央区

選挙を取り仕切っている行政機関を「選挙管理委員会」と呼びます。同委員会は公正な選挙が行なわれているかどうかを管理・監督するとともに、選挙の事務のあらゆることに関与しています。選挙管理委員会には担当する選挙別に、中央選挙管理会（任期三年・委員五人）、都道府県選挙管理委員会（任期四年・委員四人）、市区町村選挙管理委員会（任期四年・委員四人）の三つにわかれています。

中央選挙管理会は衆議院と参議院の比例代表選挙や、最高裁判所裁判官の国民審査、都道府県選挙管理委員会は衆議院の小選挙区選挙と参議院の選挙区選挙、都道府県知事と都道府県議会議員の選挙、市区町村選挙管理委員会は市区町村長と市区町村議会議員の選挙を受け持っています。

選挙管理委員会の役割

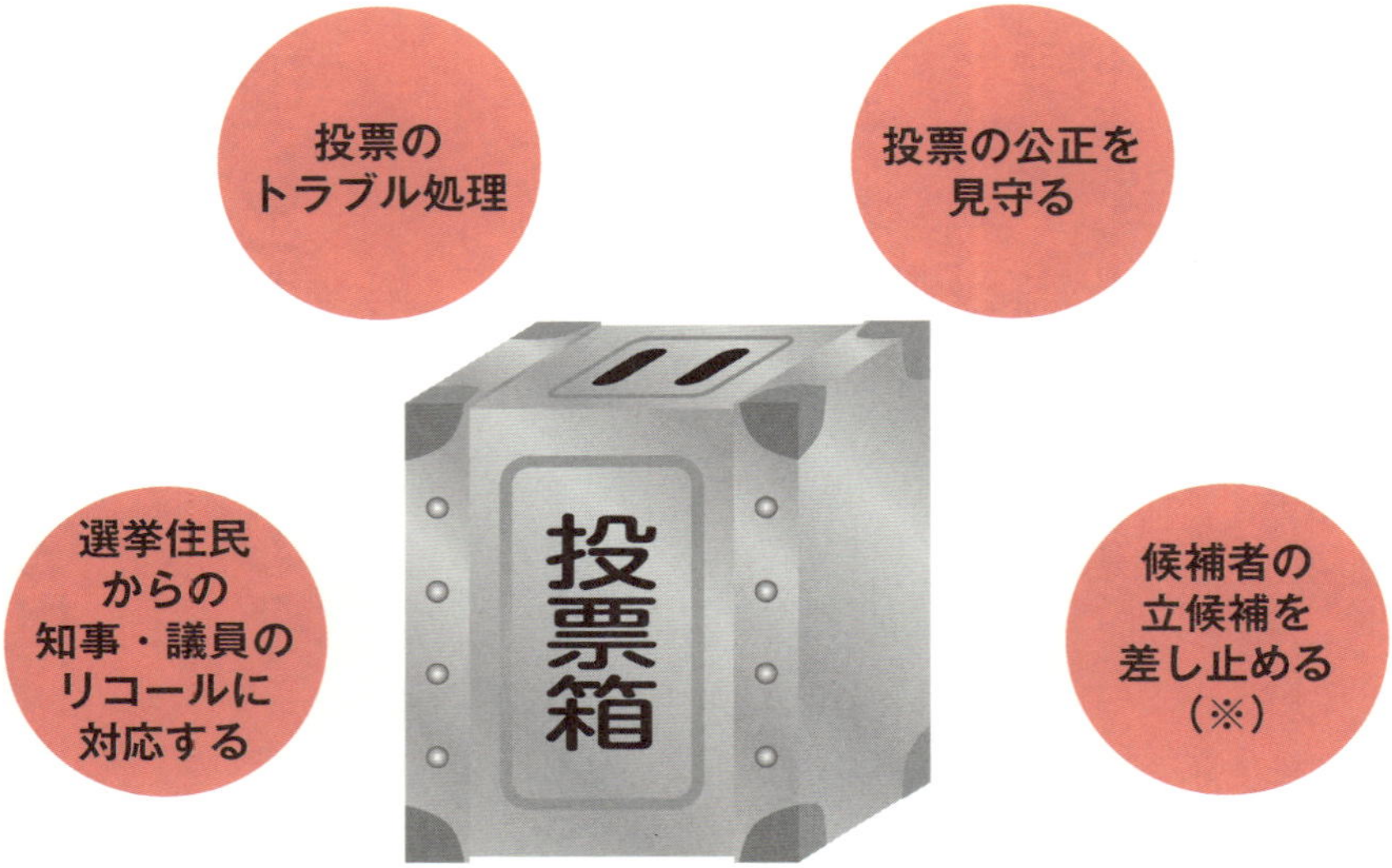
投票の
トラブル処理
投票の公正を
見守る
投票箱
選挙住民
からの
知事・議員の
リコールに
対応する
候補者の
立候補を
差し止める
(※)

※公職選挙法の基準にもとづくもので、候補者としてふさわしくない人を認定し、
立候補を差し止める権限をもつ。

第46回衆議院議員総選挙のときの開票風景(2012年12月撮影)。

70 選挙管理委員会は、何を管理しているの？

中央選挙管理会の委員は、国会議員を除く参議院議員の被選挙権をもつ人のなかから、国会の議決を経て選ばれた人を内閣総理大臣が任命します。選挙は民主主義の根幹ですから、人格も問われるわけですね。

具体的な仕事としては、立候補の届出の受付や、選挙運動費用の収支報告書の受理・公表のほか、市区町村選挙管理委員会の場合は選挙人名簿の登録・管理や投票所入場券の作成・交付なども行なっています。

わたしたちが市区町村の選挙会場へ行くと、選挙立会人に接することになりますが、この人たちは各市区町村選挙管理委員会で選ばれた人物で、各自治体によって選び方は異なるそうです。

また、東京都中央区の場合は、若い世代に選挙についてもっと知ってほしいということから、原則として各投票所に一人ずつ、有権者になったばかりの人を選んで配置しています。選挙当日は、午前六時半から午後八時まで、自分が投票する投票所で立会人としての仕事に従事し（適宜、休憩あり）、昼食・夕食つきで日給は一万五〇〇〇円です。この制度を利用した人からは「選挙が身近になった」という意見もあるようで、なかなかユニークな制度といえるでしょう。

国会中継はココで観よう！

NHKの地上波だけではなく、現在では衆議院、参議院の各議院のホームページから、本会議や各委員会の中継にアクセスできます。データベースからは、過去の審議を観ることもできます。

［衆議院・参議院のインターネット中継］

衆議院　http://www.shugiintv.go.jp/jp/index.php

参議院　http://www.webtv.sangiin.go.jp/webtv/index.php

※衆議院・参議院の両院のホームページに、「審議中継」へのアクセスが表示されていますので、そちらからお入りください。なお、インターネットでの視聴においては、動画再生ソフトのインストールがあらかじめ必要な場合がありますのでご了承ください。

［地上波］

NHK　http://www.nhk.or.jp/

※NHKのホームページの番組表でご確認のうえ、視聴してください。国会中継は1チャンネル（総合）で午後1時～5時まで行なわれていることが一般的です。詳しくは番組表をご覧ください。

衆議院をインターネットで観てみよう!

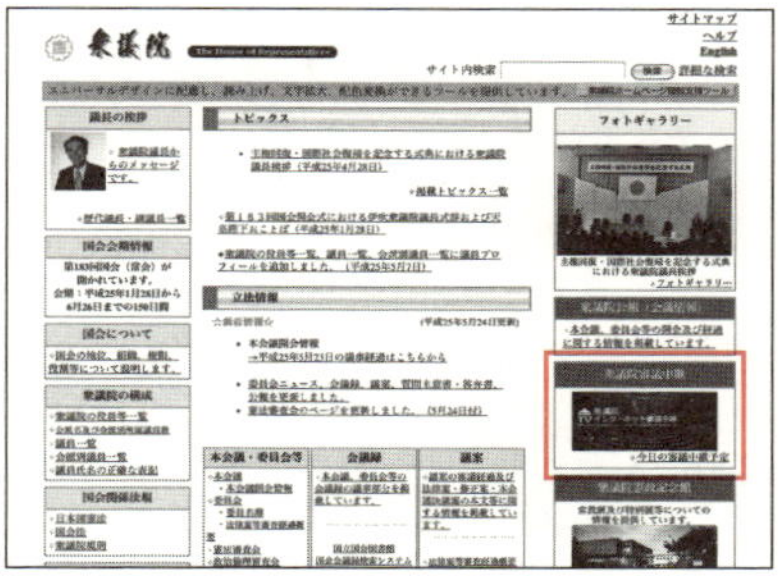

1 衆議院のホームページから、「衆議院審議中継」をクリック!

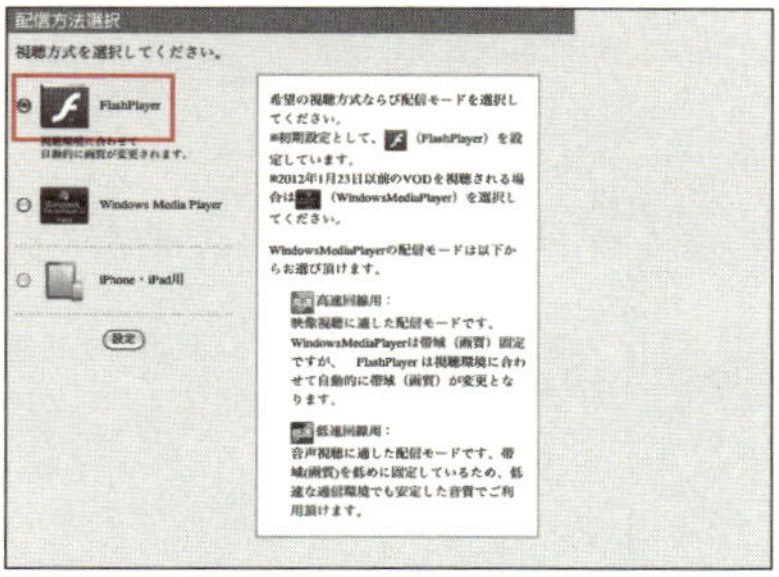

2 「配信方法の選択」で希望の視聴方法を選択!

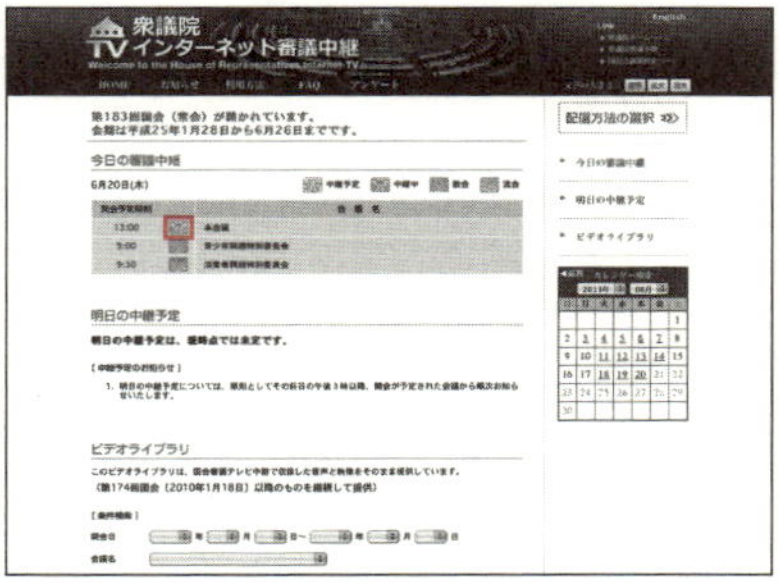

3 「今日の審議中継」をチェックし、いま流れている中継のアイコンをクリック!

4 審議中継をお楽しみください。

国会議事堂に行ってみよう!

誰でも国会議事堂の内部を見学することが可能です。受付には身分証明書が必要になりますので、免許証や保険証などをおもちください。

衆議院　〒100-0014　東京都千代田区永田町1-7-1

〈見学〉

［平日］午前８時～午後５時（受付は午後４時まで）

［土曜・日曜・祝日］午前９時30分、10時30分、11時30分、午後１時、２時、３時の計６回

※ 特別な行事のある場合などは見学できないこともあります。

［連絡先］衆議院警務部警務課参観係　（電話）03-3581-5111　内線33771・33772

〈傍聴〉

［本会議］一般傍聴券か議員からの紹介により傍聴することができます。一般傍聴券は本会議の当日、受付窓口で先着順にて交付することとしています。

［委員会］議員からの紹介が必要で、その上で委員長の許可をもらう必要があります。

※ 本会議・委員会・調査会の傍聴は、10歳以上からです。

［連絡先］【本会議】衆議院警務部調整課傍聴券係　（電話）03-3581-5111　内線33861
【委員会】衆議院委員部総務課　（電話）03-3581-5104

参議院　〒100-0014　東京都千代田区永田町1-7-1

〈見学〉

［平日］午前９時～午後５時（受付は午後４時まで）

※ 土曜・日曜・祝日・年末年始は休み。　※ 毎正時5分前に受付へお越し下さい（参議院は９～４時の毎正時からです）。

※ 見学コースは、参観ロビー→本会議場傍聴席→御休所→皇族室→中央広間→前庭

［第１・第３日曜］午前10時～午後３時（国会閉会中のみ。召集日前１週間は不可）

※ 議員を通じて申し込むことができます。

※ 特別な行事のある場合などは見学できないこともあります。

［連絡先］サービスホン　（電話）03-5512-3939
参議院警務部傍聴参観係（電話）03-5521-7445

〈傍聴〉

［本会議］一般傍聴券か議員の紹介が必要です。一般傍聴券は本会議の開会30分前から、受付窓口で先着順にて配布されます。

［委員会・調査会］議員を通じて委員長もしくは調査会長の許可をもらう必要があります。

※ 本会議・委員会・調査会の傍聴は、10歳以上からです。

［連絡先］参議院警務部受付係　（電話）03-5521-7444

【参考文献】※以下の文献等を参考にさせていただきました。

『政治の現場が見える国会議事堂大図鑑』PHP研究所編（PHP研究所）
『28の用語でわかる！　選挙なるほど解説』福岡政行（フレーベル館）
『「官僚」がよくわかる本』寺脇研（アスコム）
『やさしい国会のはなし』老川祥一（法学書院）
『Q＆A日本政治ハンドブック 政治ニュースがよくわかる！』橋本五郎ほか（一藝社）
『政治の正体　永田町のカラクリ全公開!!』安部直文＆ち〜む才谷（粋人舎）
『政治と経済のしくみがわかるおとな事典』池上彰（講談社）
『池上彰の政治の学校』池上彰（朝日新聞出版）
『政治のことよくわからないまま社会人になってしまった人へ』池上彰（海竜社）
『Q＆A　政治のしくみ50』日本経済新聞社編（日本経済新聞出版社）
『政治家の裏事情』城内実（幻冬舎）
『図解でわかる日本の政治』土屋和恵（自由国民社）
『図解　だれでも簡単に分かる！　官僚と霞が関のしくみ』（綜合図書）
『図解雑学　よくわかる省庁のしくみ』林雄介（ナツメ社）
『図解雑学　政治のしくみ』石田光義（ナツメ社）
『ポケット図解　日本の政治がよ〜くわかる本』辻雅之（秀和システム）
『面白いほどよくわかる官庁＆官僚のすべて』斎藤ヒサ子監修（日本文芸社）
『国会へ行こう！　①国会ってしってる？』阪上順夫（教育画劇）
『国会へ行こう！』かんき出版編集部・楠本亘（かんき出版）
『大図解　国会議事堂』国土社編集部（国土社）
『国会議事堂新ガイドブック』衆議院事務局編（衆栄会）

【取材協力・資料提供】

衆議院事務局庶務部／衆栄会／ＮＨＫ広報部

監修
時事通信社政治部（じじつうしんしゃ・せいじぶ）
国内47都道府県に置いた支社・総局・支局、さらに米国、欧州、アジアなどの海外拠点から、東京・銀座の本社に届けられたニュースを、新聞社・放送局のみならず、銀行・証券を中心とするビジネス向けや官公庁、ポータルサイトなど、様々な媒体に提供する、日本最大級の通信社、時事通信にあって、政治の分野に特化したスペシャリストの記者が所属。内閣、国会、外交、政党、衆参選挙などをカバーする。

構成　木村潤
本文DTP・図版作成　加藤敦之（FROGRAPH）
本文イラスト　近藤みわ子
装幀　長谷川理（Phontage Guild）

写真提供　時事通信社、EPA時事、時事通信フォト（AA、朝日航洋、毎日新聞社）

【新訂版《しんていばん》】図解《ずかい》 国会《こっかい》の楽《たの》しい見方《みかた》

2018年7月18日　第1刷発行
2023年5月27日　第4刷発行

監修者　時事通信社政治部

発行者　渡辺能理夫
発行所　東京書籍株式会社
　　　　東京都北区堀船2-17-1　〒114-8524
電　話　03-5390-7531（営業）　03-5390-7526（編集）

印刷・製本　株式会社リーブルテック

ISBN978-4-487-81145-8 C0095